U0930558

新时代乡村振兴路径研究书系

乡村振兴战略背景下
农旅融合模式的理论与实践

唐丽桂／著

西南财经大学出版社
四川·成都

图书在版编目(CIP)数据

乡村振兴战略背景下农旅融合模式的理论与实践/唐丽桂著.—成都:西南财经大学出版社,2021.9
ISBN 978-7-5504-5065-3

Ⅰ.①乡…　Ⅱ.①唐…　Ⅲ.①观光农业—旅游资源开发—研究—中国
Ⅳ.①F592.68

中国版本图书馆 CIP 数据核字(2021)第 190707 号

乡村振兴战略背景下农旅融合模式的理论与实践

唐丽桂　著

总 策 划:李玉斗
责任编辑:肖翀
封面设计:墨创文化
责任印制:朱曼丽

出版发行	西南财经大学出版社(四川省成都市光华村街 55 号)
网　　址	http://cbs.swufe.edu.cn
电子邮件	bookcj@swufe.edu.cn
邮政编码	610074
电　　话	028-87353785
照　　排	四川胜翔数码印务设计有限公司
印　　刷	四川五洲彩印有限责任公司
成品尺寸	170mm×240mm
印　　张	11.5
字　　数	209 千字
版　　次	2021 年 9 月第 1 版
印　　次	2021 年 9 月第 1 次印刷
书　　号	ISBN 978-7-5504-5065-3
定　　价	78.00 元

序

进入21世纪，我国工业化与城镇化速度加快，对农村的人力、资金、土地等资源形成虹吸效应，使大量乡村资源外流，不少村庄逐渐衰落。在党的十九大会议上，习近平总书记首次提出了乡村振兴战略，这是新时代全方位破解“三农”问题、复兴乡村经济、推动城乡一体化发展的重要举措。推动乡村产业振兴，是乡村振兴的发展基础与核心动力。而产业融合，尤其是农旅产业融合，则是乡村产业振兴的重要手段。

新时代推进农旅融合发展，既是我国农村产业发展的大势所趋，又是城市消费需求的热点所在。改革开放四十多年来，我国经济社会有了长足发展，人民消费结构转型升级，城乡旅游需求逐步成为刚需，推动着旅游服务业，特别是乡村休闲旅游产业蓬勃发展。农旅融合模式，以农兴旅，以旅强农，在我国乡村经济社会发展中表现出多重效益，并随着实践探索的不断创新，积累了一些成功案例与可供借鉴的经验，同时也出现了一些失败案例，带来了盲目发展的教训。在乡村振兴战略背景下，如何在汲取前期实践经验教训的基础上，不断推进农旅融合模式理论创新与业态创新，充分发挥农旅融合的综合效益，是当前推进乡村产业振兴值得认真思考的一个重要问题。

本书立足我国乡村发展的现实背景与农旅融合模式的发展实践，试图探讨与破解以下几个问题：一是农旅融合模式中“农”的资源要素有哪些？农业资源、农村资源与农民资源在农旅融合模式中可开发利用的价值在哪里？二是如何构建乡村人才回流机制，以解决乡村振兴人才不足问题？如何发挥农民在乡村振兴中的主体性作用？三是乡村振兴背景下农旅融合的发展理念与思路该如何定位？重点方向是什么？四是各级政府在农旅融合模式发展中应扮演什么角色？五是如何把握工商资本下乡的“度”？如何规避工商资本下乡可能面临的风险与问题？六是新时代我国推进农村集体经济改革的目的是什么？其意义何在？当前农村集体经济改革对推进农旅融合发展的实践效果如何？

在理论层面，本书亦尝试做出一些探索与创新：在农旅融合的概念方面，把过去主要以“农业+旅游”为主的概念内涵，拓展为“农业/农村/农民+旅游”，使农业、农村与农民资源构成农旅融合的资源要素，拓展了农旅融合的内涵；基于马斯洛需求层次理论，提出了农业资源旅游开发层次理论，把农业资源旅游开发从较低层次到较高层次，依次分为视觉开发、体验开发、产品开发、康养开发与文化开发；拓展了乡村价值，提出新时代乡村具有生产价值、生存价值、生活价值、生态价值、文化价值、社会稳定价值和情感寄托价值；从如何使人才从城市向乡村逆向回流，如何使回流乡村的人才留在乡村两个层面，构建了乡村人才回流机制；提出了新时代农旅融合发展的理念与思路；等等。这些探索与创新，对我国新时代推进农旅融合模式的发展具有较好的学术参考价值。

“望得见山、看得见水、记得住乡愁”，把乡村的山水田林、村落村民都转化为旅游资源，都寄于“乡愁”的农旅融合发展模式，是我国新兴乡村旅游业态中发展速度最快、最具发展潜力的模式。但在全国各地农旅融合模式加速发展的浪潮中，难免泥沙俱下，出现一些负面现象与失败案例。本书作者长期从事农业农村经济研究，长期深入农村基层开展调研，长期关注农旅融合模式的实践发展，书中的大量数据与案例，正是基于作者的长期积累，在一定程度上反映出当前推进农旅融合发展的一些现象与问题。书中的很多理论与观点，不乏真知灼见，值得借鉴和参考。

当然，理论在不断探索中创新，经验在不断实践中积累。随着我国乡村振兴战略的不断深入推进，随着农旅融合模式的继续实践探索，新的理论与经验必然不断创新完善。“路漫漫其修远兮”，唯愿我国从事农业农村经济领域研究的年轻学者们，能持之以恒，在农旅融合的理论创新与实践研究领域，在推进实施乡村振兴战略中，不断探索并取得更多丰硕成果，为我国“三农”问题的破解做出更多贡献。

是为序。

中国农业科学院

农业经济与发展研究所

蒋和平教授

2021 年 1 月于北京

前言

我国是一个传统农业大国，农业历史悠久、资源丰富，农村地域辽阔，农民数量众多。几千年来，农业一直具有重要的地位，始终是“国民经济的基础”，党和国家始终把“三农”问题列为全党工作的重中之重，认为“农业农村农民问题是关系国计民生的根本性问题”。国内外发展证明，在乡村社会发展进程中，乡村衰落是一个世界性问题。早在20世纪中叶，美国、英国、法国、日本等发达国家在城镇化发展中，就出现了人口外流造成的乡村产业空心化、房屋空置、土地弃耕以及人口老龄化等问题，各国为此纷纷出台了一系列政策措施重振乡村发展。进入21世纪，我国一些地方开始出现乡村衰落问题。为助推“三农”发展，我国中央一号文件连续多年均以“三农”问题为主，出台大量强农惠农富农政策，其目的就在于推动农业农村经济社会发展，缩小城乡差距，促使城乡关系朝着良性互动的方向发展。但城市化发展的虹吸效应，以及“三农”长期以来的低效与弱势，仍然拉动着乡村资源持续向城市流动，大量乡村面临着农民流失、农业不兴、村庄日趋萧条的局面。为重振乡村经济，2017年10月18日，习近平总书记在党的十九大报告中首次提出了乡村振兴战略；2018年1月，《中共中央国务院关于实施乡村振兴战略的意见》出台；2018年9月，中共中央、国务院印发了《乡村振兴战略规划（2018—2022年）》，要求各地区各部门结合实际认真贯彻落实。乡村振兴战略成为新时代“三农”工作的总抓手。

乡村振兴，产业兴旺是基础，也是推动乡村振兴发展的核心动能。为推动产业振兴，2019年6月，《国务院关于促进乡村产业振兴的指导意见》提出，要“以农业农村资源为依托，以农民为主体，以农村一二三产业融合发展为路径”“提升农业、繁荣农村、富裕农民”。产业融合，最早基于技术角度，指计算机业、电信业、广播电视业和出版业之间的产业融合现象。在“三农”领域，随着科技的创新发展，农业多功能性得到更广泛的开发，农业与其他产业的边界日趋模糊，融合趋势加剧。产业融合的概念逐渐被引申到“三农”领域，成为推动农业农村经济发展的新亮点。为推动“三农”与其他产业融合，国家近年来出台了一系列政策。2009 年，《国务院关于加快发展旅游业的意见》提出，“开展各具特色的农业观光和体验性旅游活动”。2014 年，《国务院关于促进旅游业改革发展的若干意见》进一步提出“推动旅游业发展与农业现代化发展相结合”。2015 年 12 月，《国务院办公厅关于推进农村一二三产业融合发展的指导意见》重申农村一二三产业融合的重要性，使产业融合成为农业创新的新方向和加速农业现代化建设的新动力。2017 年的一号文件明确提出要建设一批农业文化旅游“三位一体”、生产生活生态同步改善、一二三产业深度融合的特色村镇。2018 年的一号文件和 2019 年的一号文件，多次提到农村一二三产业融合发展问题，对加强农村一二三产业融合的政策指导更加明确。

农旅融合模式，是农村一二三产业融合重要的外在表现形式之一，是农村产业融合的重要模式，是系统解决“三农”问题最直接、最有效的手段之一，在乡村振兴战略中起着重要的作用。我国农旅融合互动发展由来已久，从早期的农家乐、观光农业，到休闲农业、创意农业，再到乡村旅游、乡村综合体和田园综合体，农旅融合在我国农业农村经济发展中表现出强劲的生命力。农旅融合模式，充分调动了农业农村农民三方资源，使其焕发生机，并在经济、社会、文化、生态等方面表现出良好的多元复合效益，成为提升农民收入、繁荣农村经济、振兴乡村的重要手段。但农旅融合模式在实践中，也出现了一些误区，产生了一些负面效应。

本书围绕农旅融合模式的理论与实践，系统阐释了我国农旅融合模式中的一些重要理论和概念，介绍了乡村振兴背景下推进农旅融合发展的现实需求、发展理念与思路，并对“三农”资源的旅游开发、活化与利用进行了分析，同时剖析了不同情况下农旅融合模式的实践案例，以期为乡村振兴战略实施中推进农旅融合模式提供一些理论与实践参考。本书的重点研究内容包括以下十个方面：

一是研究综述与理论基础。主要分析国内外在乡村振兴、产业融合与农旅融合方面的研究，以及本书研究的几个基础理论，即可持续发展理论、产业价值理论、产业集群理论、产业融合理论和体验经济理论。同时对观光农业、休闲农业、乡村旅游、农旅融合几个概念进行比较分析，并在此基础上提出农旅融合模式的概念——农旅融合模式是利用农业、农村和农民资源进行的旅游开发，是“农业+旅游”“农村+旅游”与“农民+旅游”的深度融合发展模式。农旅融合模式通过“三农”资源与旅游业的产业融合与业态创新，发挥经济效益、社会效益与生态效益的复合效应。

二是乡村振兴背景下推进农旅融合发展的现实需求。基于重庆几个村庄的调研数据，分析我国乡村衰落的具体表现，揭示我国乡村振兴战略提出的现实背景。从促进城乡资源要素流动、农业增效、农民增收等角度，分析乡村振兴战略背景下推进农旅融合模式发展的必要性。同时从休闲农业与乡村旅游的市场发展现状与未来发展趋势，分析我国农旅融合模式的市场空间。

三是农旅融合发展的“三农”资源要素。分析农旅融合发展资源要素的内涵与特点，分析作为农旅融合基础资源的农业资源、农村资源与农民资源的主要内容与形式，以及在农旅融合模式开发中的价值和开发形式。

四是农业资源旅游开发的理论创新与实践。基于马斯洛需求层次理论，从农旅融合模式的客源市场与需求市场角度，提出农业资源旅游开发创新理论，把农业资源旅游开发从较低层次到较高层次，依次分为视觉开发、体验开发、产品开发、康养开发与文化开发。结合水稻资源，利用农业资源旅游开发新理论，分析不同层次水稻资源的旅游开发方式。

五是乡村振兴背景下乡村价值发现与村庄活化。分析乡村的概念、发展历程、价值认知，以及乡村振兴背景下乡村具有的生产、生存、生活、生态、文化、社会稳定和情感寄托等多重价值。基于我国台湾地区的乡村活化的探索历程与实践经验，阐述乡村活化的内涵与意义，为我国大陆乡村振兴发展提供了理论与经验借鉴。以浙江何斯路村的乡村活化为案例，分析内地乡村活化的实践经验与启示。

六是乡村振兴背景下乡村人才回流机制构建与农民的主体性作用发挥。从当前比较新颖的“城归”与“新村民”的内涵，提出“城归”与“新村民”是乡村振兴的人才之源，进一步构建乡村振兴的人才回流机制。分析乡村振兴中发挥农民主体性作用需要明确的三个问题，并提出关于发挥农民的主体性作用的几点建议。

七是乡村振兴背景下农旅融合发展的理念与思路。阐释了乡村振兴背景下农旅融合模式发展理念，并对“两山”理论和全域旅游理念、永续发展理念进行具体介绍。提出乡村振兴背景下农旅融合模式的发展思路——“四变三结合五方向”：推进田园变公园、农村变景区、农房变民宿、农产品变旅游商品；促进农业、农村与农民三者与旅游产业链紧密结合；提出未来农旅融合的五个重点方向，即生态绿色农产品、科普教育、养生养老、休闲娱乐、传统文化。

八是农旅融合的投资主体与不同效应下农旅融合的实践模式。介绍了当前中国农业投资主体——政府、集体、企业、个体，分析了政府投资“三农”的特点、重点与投资效应。以重庆南川区生态农业大观园为例，分析政府投资导向下的农旅融合模式实践经验；以成都“五朵金花”为例，分析政府政策效应下农旅融合模式的实践经验与政策效应；以莫干山民宿的发展为例，分析资源集聚效应下农旅融合模式的实践经验。

九是工商资本下乡及其农旅融合实践案例。主要阐释工商资本下乡的内涵与我国工商资本下乡历程，分析工商资本下乡的动因与利弊。以三个工商资本下乡的实践案例，分析工商资本下乡的经验与教训，进而研究分析工商资本下乡可能面临的风险与问题，提出降低工商资本下乡风险的建议。

十是农村集体经济改革与农旅融合模式实践案例。阐释农村集体经济、农村集体经济组织与农村产权制度改革的内涵与发展。以两个村庄的集体经济改革和农旅融合模式实践为案例，分析在不同资源禀赋与发展基础上，农村集体经济改革发展的路径，以及农旅融合发展的思路与模式。阐述农村集体经济发展在乡村振兴中的重要作用，进而提出推进农村集体产权制度改革的政策建议。

研究发现，随着农村一二三产业融合向纵深发展，农旅融合模式必然成为当前和未来乡村产业发展的主要模式。当然，需要补充说明的是，本书并非就此认为，未来所有乡村的产业发展定位，都要把乡村旅游产业作为主导产业（这是当前大多数村庄产业发展的方向），毕竟，我国的旅游市场空间有限，且同地域范围内的生态资源、乡村文化资源与农业资源不可避免地具有同质性。但在一定区域范围内的乡村，仍然可以进行主次分工，通过乡村之间的产品互供和公共资源与空间共享，在农旅融合模式发展中形成合作关系，共生发展。如周边乡村为旅游发展的核心村庄专供农产品，以及分流停车、食宿压力等。为此，本书立足乡村振兴大背景，围绕农旅融合模式，在文献研究与大量案例调研的基础上，做了一些理论探索创新与实践案例分析。这些探索与案例，大多基于作者多年从事农业农村工作的经验积累，能部分反映农业农村的一些真实现状与问题。本书撰写的初衷，是期待能为我国乡村振兴战略的推进，为农旅融合模式的全面推进与发展，提供一些思路与借鉴，给某些地区发展产业的基层政府、进入农业领域的工商资本，以及农村集体经济组织提供一些参考。如果能给阅读本书的地方农业农村政策制定者与实施者、农业投资经营者，甚至研究领域的同行，一点提醒，一点启发，使他们少走一些弯路，规避一些风险，将是笔者撰写本书的最大收获。由于农业农村领域的理论在不断创新，我国各地的实践案例也不断有新的问题发现与新的创新突破，加之作者水平有限，故本书可能还存在很多不完善和认识不足的地方，这与本书出版者和给予本人帮助与指导的前辈专家学者无关，本书文责皆由作者本人自负。

唐丽桂

2021 年 1 月于重庆

目录

第一章　研究综述与理论基础

第一节　研究综述

一、乡村振兴研究

（一）国内乡村振兴的实践与研究

在乡村振兴战略提出前，有关乡村建设的研究更多围绕乡村复兴进行。关于乡村复兴的内涵，不同学者有不同的观点。何慧丽（2012）认为，乡村复兴是在过度城市化形势下重新发现和彰显乡村“传统基因”的生命力，是对传统乡村发展一种否定之否定的辩证取向。张京祥和申明锐（2014）认为，乡村复兴内涵是乡村在城乡连续谱中具有独特性价值和乡村可以实现自我更新与繁荣。汤迪莎等（2014）认为，乡村复兴应超越简单的物质发展，不断提升乡村整体品质，并形成良好的城乡互补关系与独特的价值魅力。也有一些学者在研究乡村复兴的实践路径方面提出了不少观点。万宝瑞（2007）认为，乡村复兴的核心是发展现代农业；张孝德（2015）认为，乡村复兴需要以生态文明为引领，树立乡村城市平等观；沈费伟和刘祖云（2017）认为，乡村复兴的关键在于人的再造，需要注重精英培育。还有一些学者回顾总结乡村建设的历史。如郭海霞和王景新（2014）从国家与社会的视角，李智（2017）从城乡互动的视角，潘家恩和温铁军（2016）从乡村发展的历史脉络，回顾了我国乡村建设的百年发展和历史逻辑。对于中国乡村振兴的探索与实践，张海鹏等（2018）把它分为四个历史阶段。

中国乡村振兴探索的第一个阶段，是20世纪20—40年代。这一时期，中国时局动荡，在政治上表现为军阀混战和吏制恶化，就乡土社会来说，则体现为乡村社会结构的整体性变化，即盗匪横行与乡土社会普遍“劣绅化”（杜赞奇，

2003)，以及传统乡土社会治理中相对低成本秩序的解体及乡土保护性力量的式微与失效。20 世纪 20 年代末到 30 年代初，一批从欧美国家学成归国的学子，在比较了中国与欧美国家的发展后认为，近现代中国发展落后很重要的原因在于乡村的落后。面对乡村衰败和时局动荡，梁漱溟、晏阳初、黄炎培、卢作孚等一批知识分子率先行动，从不同角度提出乡村建设的思想，并身体力行开展乡村建设实验，产生了著名的“邹平模式”“定县模式”“无锡模式”等建设模式。这些乡村建设模式虽内容各异，但目的一致，即通过教育、文化、道德、实业、合作等措施，实现乡村振兴和重建，进而寻求国家救亡、民族复兴的道路。这期间，国民政府和中国共产党领导的革命根据地也通过向乡村输入科技、人才和资金等外部资源，实现改造乡村的目的。其中，国民政府推行的“农村复兴计划”是期望通过对旧体制的改良实现乡村复兴，并阻止共产主义革命在乡村蔓延；而中国共产党领导的“乡村革命运动”则是要打破旧的统治和剥削体系，通过发动土地革命，实现“耕者有其田”，从而使农民获得真正的解放。由于击中了中国农民问题的要害，满足了贫苦农民的根本需求，因而中国共产党在根据地开展的乡村改造与建设运动得到了农民最坚决的支持、拥护和参与（郭海霞 等，2014）。

中国乡村振兴探索的第二阶段，是自 1949 年新中国成立至 1978 年改革开放。1949 年新中国成立，为了支持重工业优先发展，政府建立起计划经济体制，并实行了城乡分割政策。政府在农村推行以集体化与合作化为特征的社会主义改造，并最终建立起人民公社体制，让农业和农村承担起为工业和城市提供资本积累的角色。这种单方向的资源转移，确实很快推动了我国工业化与城市化发展，但也使乡村建设的能力被严重削弱。不过，人民公社时期强大的集体动员能力，也使乡村面貌发生了一定变化，大量的农村基础设施得到改善，特别是农田水利建设的成就尤其令人瞩目。时至今日，中国的农业生产仍受益于此。

中国乡村振兴探索的第三阶段，是自 1978 年改革开放至 2005 年。1978 年，中国开始实行对内改革、对外开放的政策。对内改革先从农村开始，始于安徽省凤阳县小岗村“分田到户，自负盈亏”的家庭联产承包责任制，推动了我国农村改革。家庭联产承包责任制的推行，纠正了人民公社时期长期存在的管理高度集中、经营方式过分单一的弊端，解放了农村的生产力，调动了农民的生产积极性。这一时期我国的农村改革，通过扩大农村自由发展空间，确立了工农产品市场化交换机制，破除了农村剩余劳动力城乡转移障碍，赋予了农民权利和发展机会，激发了农民发展乡村、建设乡村的热情，使乡村面貌得到显著改善。然而，随着工业化和城市化加速，乡村与城市的差距持续扩大，特别是大量农村人口向城市转移，使农村空心化问题显现。

中国乡村振兴探索的第四阶段，是自 2005 年新农村建设开始至今。2005 年，中国建设社会主义新农村，推动乡村振兴探索迈入新时期。进入 21 世纪，中国经济持续高速增长，国家综合实力迈上新台阶，“以工补农、以城带乡”的基础不断夯实。为了改变农村发展落后的面貌，国家加大“三农”领域的政策与投入。2005 年，党的十六届五中全会提出了建设社会主义新农村的“二十字方针”——“生产发展、生活宽裕、乡风文明、村容整洁、管理民主”。国家投入了大量财政资金，并出台了一系列支持政策，使乡村的基础设施、人居环境、生产条件和公共服务均得到了明显改善。党的十八大以后，国家统筹城乡发展的力度再次加大，建设美丽乡村成为新的奋斗目标。建设美丽乡村在“二十字方针”的基础上，引入人与自然和谐的理念，提升了乡村建设中“美”的内容（闫坤 等，2017）。党的十九大首次提出了乡村振兴战略，提出乡村全面振兴，实现“农业强、农村美、农民富”的目标。

纵观百年探索历程可以看出，乡村振兴战略是国家意志、社会历史发展阶段以及政府合理政策相结合的产物。乡村振兴战略思想既体现着对历史的继承，又是对历史上乡村振兴思想在新阶段的延伸，但同时也具有明显的历史跨越性。

乡村振兴战略提出后，国内学者就乡村振兴战略的重要价值表示了高度赞同，并围绕乡村振兴战略进行了研究。张海鹏等（2018）分析了乡村振兴战略思想提出的历史背景、时代意义和理论渊源，并且在深入阐述其主要内容和创新的基础上，提出了实现路径。罗其友等（2019）从城乡融合发展的视角，系统探讨乡村振兴的理论逻辑、发展目标及实现路径。贾晋等（2018）基于“五位一体”乡村振兴战略目标任务，构建乡村振兴战略的指标体系，并对 30 个省的乡村振兴发展水平进行了定量测度与比较。黄祖辉（2018）研究认为，要准确把握中国乡村振兴战略，一是要把握好乡村振兴战略与城市化战略的关系，二是要把握好“二十字方针”的科学内涵及内在关系，三是要协调好乡村振兴战略的实施路径。还有一些学者则在乡村振兴战略的具体建设目标和任务方面进行研究。姜长云（2017）、叶兴庆（2018）认为，乡村振兴战略延续了社会主义新农村建设“二十字方针”的主体内容，不仅体现在文字的调整上，更体现在内涵的深化上，突显了鲜明的问题导向和目标导向，有效地回应了当前社会的主要矛盾。郭晓鸣等（2018）认为，“二十字方针”体现为五大目标任务，这五大目标任务是相互联系、有机统一的整体，为准确认识五大目标任务，不仅要有效界定“二十字方针”的科学内涵，还要把握好“二十字方针”的内在逻辑性和相互关联性。在五大目标任务的具体界定方面，也有不少研究。郭晓鸣等（2018）从有效治理农村环境问题、改善水、电、路、气、房、通信等基础设施等方面，提出要基本建成生态宜居的美丽村落。李周（2018）将农业生产绿色化、持续化纳入概念描述，提出应降低中国耕地的耕作强度，减少化肥、水资源的耗用量。黄祖辉（2018）提出要赋予生态宜居更多内涵，不仅要满足乡村和城市居民对宜居环境和美好生活的向往，实现对城市居民开放、城乡互通的生态宜居，还要实现乡村自然环境保护和开发利用的和谐统一，实现“绿水青山就是金山银山”的既定目标。

（二）国外乡村振兴的实践与研究

纵观世界发展史，在全球范围的城镇化和现代化进程中，乡村地区逐渐空心化，甚至衰退和消亡。乡村衰落已经成为一个世界性问题。一般来说，城镇化实际上就是乡村人口逐步向城镇转移，同时城镇边界不断扩展和乡村不断缩小的过程，“农民的终结”很大程度上将导致“村落的终结”。发达国家近五十年，甚至是上百年的发展历程生动地诠释了这一过程。马克思、恩格斯认为生产力的发展是乡村衰落的根本原因，分工和专业化是城乡分离、乡村衰落的直接原因；提出乡村振兴是农业发展和乡村摆脱愚昧落后状态，以及大工业发展和解决“城市病”的根本要求。1847 年，恩格斯在《共产主义原理》中提出了城乡融合的概念，其基本思想是消除由产业不同带来的城乡就业对立、人口空间分布上的不均衡，以及由城乡对立产生的城乡福利差异。大卫·李嘉图（David Ricardo）在其《政治经济学及赋税原理》中，也系统阐述了农业与工业、农村与城市发展问题。美国学者 Kuznets（1955）研究了国民经济三次产业部门的产值、就业和收入的结构性变化关系，间接强调乡村建设与发展的价值和重要性。Ranis 和 Fei（1961）认为，为保证工业化和城镇化的顺利发展，必须重视农业发展，重视农业劳动生产率的提高。德国地理学家 Christaller（1966）认为，城市与农村、工业与农业是相互协调、相互促进的发展关系。牛山敬二（2012）研究了 20 世纪 50 年代至 70 年代日本的乡村衰败现象。这一时期，日本经济高速增长，在农村部分劳动力被工商业迅速吸收后，日本出现了兼业化、混住化、农村人口老龄化现象，从而导致了农村村庄的衰败。石田宽在其著作《日本的乡村聚落》中，研究了第二次世界大战后日本城市的快速发展及工业规模的不断扩大对乡村地区的影响。他认为，第二次世界大战后由于日本经济的高速发展，吸纳了大量的农村劳动力，使得乡村地区的人口减少，再加上日本大部分地区是山地，基础设施建设的难度较大，无法满足人们追求高质量生活的愿望，使得乡村村庄凋敝。而在广大发展中国家，一方面，城市发展不充分导致大量农民在城市聚集形成贫民窟；另一方面，人口外流造成乡村劳动力短缺、经济衰退和社会退化，高人力资本人口过度流失推动乡村衰落呈现螺旋式加剧的趋势（Liu et al.，2017）。

西方一些发达国家早在 20 世纪中叶就进入了城镇化高级阶段，但此后乡村人口持续向城镇转移的趋势并未改变。人口外流造成乡村产业空心化、房屋空置、土地弃耕以及人口老龄化等问题，部分乡村发展的活力和动力日渐衰竭。

例如，20 世纪 40 年代，美国非农业人口与农业人口可支配收入比为 1.66∶1，20 世纪 50 年代扩大到 2∶1（曾国安 等，2008）。不仅城乡居民收入差距在扩大，而且城乡基础设施建设、公共服务方面也存在巨大差异。为此，美国政府通过《新城镇开发法》，提出建设“都市化的村庄”，发展农业规模经营，鼓励农民发展农业以外的经济，加大对农民的直接经济补贴，加强农村道路、水电、市场等基础设施及教育、文化、卫生等社会事业建设，为农村发展和缩小城乡差距提供了保障；同时，针对农民职业技能薄弱的状况，实施了旨在提高农民技能和素质的“工读课程计划”。这一系列措施改善了美国乡村的发展条件，提升了乡村的发展价值，推动了乡村的快速发展。

又如，20 世纪 60 年代中期，欧洲一些发达国家的大都市出现了繁荣城市与落后乡村并存的现象。一方面，大都市中人口拥挤导致住房、交通、环境等条件不断恶化，城市发展的成本不断提高，“城市病”日益严重；另一方面，大都市周边存在着辽阔的农村，这些农村不仅可以吸纳都市人口和企业，还可以减少因拥挤产生的“城市病”，但由于基础设施、公共服务等方面发展落后，这些价值均未很好地得到体现。为此，这些国家专门制订了大都市周边地区乡村发展计划。法国政府为振兴农村，不仅修建了许多连通农村和落后地区的公路和铁路，还在国家预算中设立了“农村发展整治基金”，专门用于对衰落农村地区进行整顿和改造。在巴黎，政府对中心区征收“拥挤税”，并对从中心区搬迁到郊区且占地 500 平方米以上的工厂，给予 60%的搬迁补偿费；同时，还确立了“保护旧市区，重建副中心，发展新城镇，爱护自然村”的方针，并由农业区、林业区、自然保护区和中小城镇组成乡村绿化带，加强农村基础设施建设和社会事业建设，实现乡村生活方式城市化，使乡村拥有跟城市同等的生活条件（张军 等，2010）。德国于20世纪60年代末在全国推行村庄更新计划，以挽救日益衰落的乡村。

在东亚地区，日本和韩国都属于经济分布空间和人口分布空间均极度失衡的国家，两国在应对工业化和城市化过程中出现的乡村衰落问题方面，做了很多实践探索。日本的乡村发展战略可以追溯到第二次世界大战后，当时日本集中力量建设城市，大量农村劳动力涌入城市，农村经济得不到发展，城乡差距扩大的问题越来越突出。为此，日本在20世纪60年代通过制订国土开发计划等手段提升乡村发展价值和促进乡村振兴。1962年，日本制订了第一次全国综合开发计划；1977年，在第三次全国综合开发计划中进一步提出要调整工业布局，大力发展中小城市，开发落后地区，解决工业及人口过密和过疏的矛盾。除此之外，为推动乡村产业发展，日本政府不断加大对乡村的财政投入。1967—1979年第二次新农村建设期间，日本政府加大了“补助金农政”的实施力度，并于1979年开始推动“一村一品”运动，即要求每一个地方的乡村根据自身条件和优势，发展一种或几种有特色、在一定的销售半径内名列前茅的拳头产品。由于实施了错位竞争战略，各村的竞争优势大大提高，促进了乡村的持续发展。

韩国虽在1961—1972年创造了举世瞩目的“汉江奇迹”，但因为忽视乡村发展价值，形成了繁荣的城市与凋敝、落后的乡村并存的不合理格局。为缩小城乡差距、提升乡村发展价值，1970年，韩国发起了旨在缩小城乡发展差距的“新村运动”，修建了村民会馆、敬老院、读书室、运动场、娱乐场、青少年活动中心等农村文化设施。“新村运动”进行了几十年，韩国基本实现了城乡经济的协调发展，城乡居民收入差距从1972年的3∶1，缩小到2004年的1∶0.84（张军 等，2010）。

事实证明，在城镇化和工业化进程中，村庄衰落趋势是一个不争的事实，也是世界各国在现代化进程中必然要共同面对的难题。发达国家为减少乡村衰落、重振乡村经济社会发展，在理论研究与实践探索方面取得了一些成效，为发展中国家的乡村振兴提供了经验借鉴。

二、产业融合研究

20世纪70年代，随着发达国家高新技术的迅速发展和扩散，部分信息技术产业间的边界逐渐模糊或消失，并产生了新的产业形态。这种现象早期发生在以媒体、电信和信息服务为代表的产业之间，后来扩散到其他服务业，并逐渐向农业和工业渗透发展。产业融合作为一种革命性的产业创新，使原来基于产业分工的产业经济理论面临巨大的挑战，受到了国内外学术界的广泛关注。

关于产业融合的概念和内涵，有的学者从产业融合的特征的角度对其进行定义。Rosenberg（1963）最早从技术融合的角度分析了产业融合，认为某些技术在一系列产业中的广泛应用和扩散，并导致创新活动发生的过程，可被视为产业发生融合。Greenstein 等（1997）从产业边界演化的角度，指出产业融合是为了适应产业增长而发生的产业边界的收缩或消失。European Commission（1997）指出，产业融合是产业联盟、市场、技术网络平台三个主体之间的融合。Freeman 等（1997）从融合过程的角度，指出产业融合是一个从技术融合，到业务融合，再到市场融合的过程。植草益（2001）从产业组织的角度，将产业融合形容为通过技术革新和放宽限制来降低产业间的壁垒，加强各产业企业间的竞争关系的现象，即两个或两个以上过去各自独立的产业，当它们中的大部分企业成为直接竞争对手时就发生了产业融合。马健（2006）认为，产业融合是由于技术进步和放松管制，而发生在产业边界和交叉处的技术融合。不同产业或行业之间的业务、组织、管理和市场资源进行整合，改变了原有产业产品和市场需求的特征，导致产业中企业之间竞争合作的关系发生改变，从而导致产业界限的模糊化甚至重划产业界限。有的学者则从产业融合的范围角度对其进行定义。胡永佳（2007）认为，产业融合是在数字融合的基础上出现的产业边界模糊化的现象。李美云（2005）认为，产业融合主要发生在信息化应用的相关部门，通过采用信息技术，形成新的产业部门，特别是服务部门。产业结构得以重塑，是由于数字化激活的服务部门的重构。Lind（2005）认为，产业融合不仅发生在信息产业部门及其相关部门，还可以拓展到所有的产业。产业融合是消除市场准入障碍和产业界限后，迄今各分离的市场的合并与汇合。

关于产业融合的发生条件，Lei（2000）认为，产业融合发生的前提条件是产业之间具有共同的技术基础，以及随之产生的技术革新。植草益（2001）认为，产业融合的发生源于技术进步和管制的放松。马健（2002）认为，产业融合与放松管制之间存在着一个互动的过程，经济管制的放松为产业融合创造了制度环境；技术融合和产业融合的内在要求，促使管制理论与政策的不断改善，以适应变化了的技术和经济条件。Freeman 等（1997）认为，产业的融合必须从技术融合、产品与业务融合，再到市场融合。

关于产业融合的类型，研究者从不同的视角进行了总结。基于技术视角，Greenstein 等（1997）通过对技术之间的替代和互补进行分析，将产业融合分为替代性融合和互补性融合两种类型；Hacklin 等（2005）依据融合技术的创新性将产业融合分为应用融合、横向融合和潜在融合三种类型。基于供给和需求视角，Pennings 等（2001）提出了需求替代性融合、需求互补性融合、供给替代性融合和供给互补性融合四种产业融合类型；Malhotra（2001）从顾客和企业对产品替代性和互补性的认识，将产业融合分为功能融合和机构融合。基于产业视角，厉无畏和王慧敏（2002）提出了产业融合的三种类型：高新技术的渗透融合，产业间的延伸融合和产业内部的重组融合；胡汉辉和邢华（2003）将产业融合分为产业渗透、产业交叉和产业重组；马健（2005）将产业融合分为完全融合、部分融合和虚假融合；胡永佳（2007）将产业融合分为横向融合、纵向融合和混合融合。

产业融合的理论综述主要是基于产业融合理论的梳理和辨析，随着产业融合理论研究实践边界的拓展，产业融合理论将得到广泛应用。科技创新发展，农业多功能性得到更广泛的开发，农业与其他产业的边界日趋模糊，农业与其他产业融合趋势加剧，产业融合成为推动农业农村经济发展的新亮点。

三、农旅融合研究

国内关于农旅融合发展的研究较多，包括农旅融合的内涵、机制与模式、路径、作用与效益等方面的研究。在农旅融合的内涵研究方面，张文建和陈琳（2009）提出，农业旅游是产业融合与现代服务业发展的产物，并在融合过程中实现劳动内容、劳动人群、劳动所在地三大内涵的转变；张文建（2011）指出，产业融合、城乡互动是农旅融合的本质属性；曾磊和刑慧斌（2011）认为，农业旅游是现代农业功能延伸拓展的最佳载体。

在农旅融合的机制与模式方面，冉彬彬（2008）认为农业与旅游业融合的机制包括三大内动力和一个外动力；牛若铃（2014）从内生和外生两个角度，探讨创意农业与旅游产业融合的驱动机制；朱海艳（2014）通过构建旅游产业融合概念模型，提出了旅游产业主动融合、互动融合和被动融合三种模式，并对三种模式的形成机理进行了分析；刘圣欢和杨砚池（2015）从外部性理论出发，探索建立产权激励、规划引领、特许经营、生态补偿等现代农业与旅游业协同发展机制；周昌芹（2012）基于参与主体的角度，通过对农旅融合发展的模式，如企业独立开发、集体主导、农民独立开发等模式进行分析，提出“企业+村委+农户开发模式和村集体组织+管理协会指导+农户参与开发模式”是浙江省未来可以选择的模式。

在农旅融合的路径研究方面，丁雨莲和马大全（2012）以实证研究了大浦乡村世界的旅游产业融合路径，主要包括资源融合、技术融合、功能融合、市场融合四大主要路径，以及资金融合、企业融合、人才融合三大内隐层面路径；张白平和彭瑛（2013）以贵州黄果树景区为例，从产品融合、空间融合、时间融合方面，提出自然旅游区农业与旅游产业融合发展思路；周家俊等（2015）研究了农业与旅游业深度融合的战略路径，主要从九个方面提出融合发展的策略，即土地空间整合、资源空间整合、产业空间整合、生产要素渗透、功能融合发展、市场目标统筹、发展定位转型、经营业态转型、发展方式转型；郑晓婷（2016）通过分析晋江市现代农业与旅游业融合的发展，从政策、政府、企业、消费者等角度提出了强化政府主导作用、加强企业合作和产业资源融合、构建合理的产业融合需求市场、创造创意产品、拓展营销渠道等促进农旅融合发展的策略。

在农旅融合的作用与效益研究方面，张莹（2006）提出农旅互动的“三农”效应，该效应主要体现在成为农村经济发展新增长点、促进农村产业结构优化调整等方面；杨振之（2011）认为，农旅融合可实现双赢的效果，可以延长产业链条并增加产业边际效益。杨阿莉（2011）、王琪延和张家乐（2013）研究认为，农旅融合互动可以促进新的产业业态的产生、培育新经济增长点并促进农业产业链延伸、农业产业附加值增加、农村产业结构整合优化，进而提升乡村地区的产业竞争力。

对于农旅融合发展的制约因素，许士兵（2013）通过对建湖县农业和旅游业融合发展的研究指出，其农旅融合发展存在着机制不完善、基础设施不健全、投融资不足、文化内涵挖掘不够等制约因素；谢婷轶（2015）对广州农业与旅游业的融合发展进行研究，着重分析了农旅融合发展中存在的诸如旅游产品同质性高、产品缺乏农业文化内涵、传统农业文化遗失及农区自然环境恶化等问题，并对解决难题的策略进行了探讨；何洪华（2016）基于渝西地区特殊的资源禀赋和产业发展业态，分析了渝西现代农业与旅游业融合发展的现状以及发展的制约因素，提出农旅融合发展的规划滞后、机制缺位、要素不足、基础设施薄弱、人员素质不高等问题。

国外关于农旅融合一直没有明确的定义。Weaver 和 Fennell（1997）提出，农旅融合的结果是农业和旅游业互动发展到成熟阶段而产生的具有乡村特性的新型产业。Lobo 等（1999）指出，发展农业旅游给予种植者多样化经营的机会，提升乡村景观的观赏价值，本质是为游客服务的行业，同时能提高农村居民的的收入水平。Nilsson（2002）认为农业旅游规模小、扎根于当地传统，是乡村旅游的一部分。Fleischer 和 Tchetchik（2003）通过对以色列地区 197 家乡村企业的深入研究，指出农业旅游是农业和旅游业相互影响的结果。Akpinar 等（2004）则把农业旅游看作农村活动的一种，并认为农旅融合能为农村地区的社会和经济发展做出贡献，是农业在可持续发展背景下可选择的路径。Sonnino（2004）于同年也提出农业旅游是一项可持续发展的战略，它所带来的经济收入能吸引农场主继续重视种植，促进当地农业经济的发展。Mcgehee（2007）基于美国农旅融合的情况，认为农业旅游是农业多样化的表现形式，并指出农业旅游可以改善生活质量。

农旅融合的影响因素一直是学术界关注的热点话题。Alesina 和 Ferrara（2000）认为在农旅融合中，农民对于这一发展模式的认知度、了解度和参与度都会影响融合发展的进程。Petrou 等（2007）强调要重视商业网络的作用，强调农业旅游的发展状况受商业网络的影响，商业网络可以促进二者的融合。Rainy 等（2010）则认为，不论是农场主还是小型规模土地的所有者，他们是否参与农旅融合取决于当地基础设施建设的完善程度，以及促销和营销的手段是否到位。Ohe（2010）专门研究了公路对于日本某一农村发展农业旅游的影响，同时也强调农业旅游的发展需要服务、营销和管理意识的同步提升。Panyik 和 Coste（2011）分析匈牙利农村旅游发展的状况发现，除了营销手段的多样化，提升服务提供者和接受者之间的信任度也是促进农旅融合的又一重要因素。

国外学术界还非常关注农旅融合的经营模式。Embacher（1994）研究澳大利亚的农旅融合发现，澳大利亚因为农场数量众多，“农家乐”已经形成规模化发展，并成立了协会组织，其农旅融合发展相对成熟。Busby 和 Rendle（2000）指出，随着旅游业地位的变化，农业旅游应被放在更广阔的的背景下来看待。农业旅游作为新型旅游业态的典型代表，可以采用“企业+农户”“农户+农户”等多种经营模式，从而保障农业旅游的可持续发展。Philip 等（2010）把工作地点、与农业活动的联系、游客体验作为三大标准，将农业旅游分为非工作农场、被动接触工业农场、间接接触工业农场、观光式农业、体验式农业五种经营模式。

第二节 研究理论基础

一、可持续发展理论

可持续发展理论的形成经历了相当长的历史过程。20 世纪 50—60 年代，人们在经济增长、城市化发展加速、人口膨胀、资源减少等形成的环境压力下，对“增长=发展”的模式产生怀疑。1962 年，美国生物学家蕾切尔·卡森（Rachel Carson）在其著作《寂静的春天》中，描绘了一幅由于农药污染而产生的可怕景象，惊呼人们将会失去“春光明媚的春天”，这在世界范围内引发了人类关于发展观的争论。10 年后，英国经济学家芭芭拉·沃德（Barbara Ward）和美国微生物学家雷内·杜博斯（Rene Dubos）出版著作《只有一个地球》。同年，罗马俱乐部发表研究报告《增长的极限》，明确提出“持续增长”和“合理的持久的均衡发展”的概念。1987 年，联合国世界与环境发展委员会发表报告《我们共同的未来》，正式提出可持续发展概念，指出可持续发展是以不损害子孙后代满足自身需求能力为前提，力求在经济发展的同时，实现资源永续利用与环境保护相协调。可持续发展理论重点强调两点：一是环境问题需要在社会经济发展中寻求解决的方法，求得经济、社会和环境问题的协调发展；二是人类应在生态资源与环境允许范围内调解自我生活方式。

农旅融合发展必须走可持续发展道路，遵循经济、社会、生态可持续原则，实现经济效益和生态资源的有效管理，协调地区经济共同发展，保护农村自然生态以及人文环境的乡村性，保障生态系统循环、生物多样性以及环境资源永续利用，实现社会经济与生态环境的持续性，促进农业与旅游业的可持续发展。

二、产业价值链理论

价值链概念最早是由美国哈佛商学院的教授迈克尔·波特（Michael Porter）于 1985 年在《竞争优势》一书中提出的，价值链理论侧重于分析单个企业的生产及经营活动的价值创造环节。产业链隶属于产业经济学，是一个较为宏观的概念。早在 1958 年，阿尔伯特·赫希曼（Albert Otto Hirschman）就从一个产业的前后向联系角度对产业链做出了阐述，其实质就是对不同产业的企业之间的供需关系进行研究。产业价值链是在价值链和产业链的基础上延伸和拓展而来的一个学术概念，是以产业链为前提和依托，分析产业链各环节的价值创造，它是产业链价值属性的体现，是价值发现和再创造的过程。产业价值链理论更侧重于从产业层面，分析整体价值创造、价值增值及价值分配等问题。

农业和旅游业的价值链具有高度关联性，主要在于两个产业之间的协同性。农业生产具有投入少、回报周期短的特点，而旅游业具有投入大、回报周期长的特点。农业和旅游业的融合发展在带来显著的经济社会价值的同时，势必蚕食农业生产的规模和数量。在竞争和协同发展中，农业为获得更大的经济效益，必将推动技术和管理的创新，向旅游业提供更加丰富的产品和资源类型，产业间的发展方式由最开始的单个企业之间的竞争合作，转向价值链中的协同发展，从而促使农业和旅游业之间的价值渗透和融合。此外，农业和旅游业之间生产要素的相互渗透，主要表现为旅游业的部门不断向农业资源渗透，农业为旅游业源源不断地提供支撑和保障。这种形式的融合要求农业和旅游业之间存在关系密切的结点，借助这些结点，不同产业中的生产部门才能构建足以支撑产业发展的全价值链体系。

三、产业集群理论

产业集群理论是由迈克尔·波特于 20 世纪 80 年代提出的。其含义是：在一个特定区域的一个特别领域，集聚着一组相互关联的公司、供应商、关联产业和专门化的制度和协会，通过这种区域集聚形成有效的市场竞争，构建出专业化生产要素优化集聚洼地，使企业共享区域公共设施、市场环境和外部经济，降低信息交流和物流成本，形成区域集聚效应、规模效应、外部效应和区域竞争力。从产业经济学角度看，产业集群通过专业分工与合作，实现集群内部企业的互补与交流，有效降低企业交易成本，促进集群内部知识、技术与信息的流动。在产业集群的形成过程中，起到关键作用的因素主要包括以下几点。①自然禀赋及运输成本。产业发展所需大量相对廉价的要素聚集的区域。运输、使用成本较低，促使企业不断在这一区域聚集。②规模经济。大量企业的聚集所形成的规模经济效应，可保证企业在各个运营环节得到高质量、低投入的供给。③经济的正外部性。先进入某个地区的企业在生产中会产生经济活动的外部效应，后来的企业因此节约了市场交易成本。④区域环境及相关联产业的支持。区域环境的支持可以为区域内企业提供完善的基础设施、良好的软环境和专业化的服务，从而提高整体竞争优势；而相关联产业的发展有助于形成一个成熟的专业服务市场，进一步加速产业集群化发展。

农旅融合的发展趋势应是产业集群理论的体现。农旅融合通过产业活动影响其上、下游及横向相关的产业，产生明显的产业关联和辐射效果。同时，农旅融合通过产业聚集，可增强整体市场竞争力，降低交易成本，形成规模优势，有利于政府对区域基础设施建设的规划投资，提高产业发展与服务软环境，产生产业聚集的经济效益与社会影响力。农旅融合聚集并成为区域主导产业，必然扩大对产品、服务和劳动力的需求，促进周边区域经济的整体发展。

四、产业融合理论

产业融合是在社会分工明确、产业已经具备明显的界限和生产特征的背景下，随着技术创新发展与市场需求的持续升级，某些产业开始突破约定俗成的边界限制，产生交互式联动发展的现象。产业融合是指在时间上先后产生、结构上处于不同层次的农业、工业、服务业、信息业、知识业在同一个产业、产业链、产业网中相互渗透、相互包含、融合发展的产业形态与经济增长方式，是用无形渗透有形、高端统御低端、先进提升落后、纵向带动横向，使低端产业成为高端产业的组成部分、实现产业升级的知识运营增长方式、发展模式与企业经营模式。产业融合是高新技术及其产业作用于传统产业，使两种产业或多种产业融为一体，形成一种新的产业。产业融合并不是几个产业简单直接的相加，而是指产业间相互渗透，相互借用优势，从而发展成更具活力和竞争优势的综合体。

农旅融合的支撑理论主要是产业融合理论。农旅融合发展从本质上来讲是现代农业和旅游产业的融合，具有产业融合的特征，两者实现融合发展，不仅丰富了农业、旅游业的内容，也拓宽了原有产业的渠道，提升了产业价值。

五、体验经济理论

体验经济理论由约瑟夫·派恩（B. Joseph Pine II）与詹姆斯·吉尔摩（James H. Gilmore）在其合著的《体验经济》一书中提出。派恩与吉尔摩认为，体验是除产品、商品、服务外的第四种经济提供物，它从服务中分离出来，就像服务曾经从商品中分离出来那样。他们将经济价值的递进过程分为提取产品、制造商品、提供服务、展示体验四个阶段，并依据消费者的参与程度划分不同的体验行为。体验经济已日益成为继农业经济、工业经济和服务以后的主流型经济形态。

农旅融合产业是体验经济时代最重要的产业之一。农旅融合作为一种参与农业生产与乡村生活的活动，是一种体验乡村自然生态、农耕文化、田园生活的过程。农业和农村资源是发展体验式经济的基础，其从农业生产和生活的特定情境出发，通过农村自然生态环境、农民纯朴的生活风情给旅游者以远离都市喧嚣、享受娱乐休闲的体验。以农旅融合推进体验经济，不以生产出可以触摸、储存的实物为特征，而是以为消费者带来难忘的经历、体验感受等为产品。经济具有高增性，消费者在农村，自己培植、耕作、全程监督管理农作物生长，最后获得的农产品与在市场上直接采购同样功用的农产品相比，成本要高得多，因此为农业带来较大的经济效益。

第三节　相关概念

一、观光农业

观光农业以农业活动为基础，是将农业生产、生活、生态三者合为一体进行开发的一种典型的现代农业模式，是一种以农业和农村为载体的新型生态旅游业。观光农业以充分开发具有观光、旅游价值的农业资源和农业产品为前提，把农业生产、科技应用、艺术加工和游客参加农事活动等融为一体，使游客在领略大自然风光的同时，体验现代化的新兴农业艺术。

观光农业是一种新型的、具有“农业+旅游业”性质的农业生产经营形态，它具备农业和旅游业的双重属性。从农业的角度来说，观光农业是一种农业形态，是一种具有旅游功能、涵盖农业旅游项目的新型农业生产经营模式，是第一产业向第三产业的延伸；从旅游业的角度来看，观光农业又是现代旅游活动向农业领域的拓展，是以农业、农村为资源和吸引物，而产生的一种旅游活动或是旅游产品。

二、休闲农业

“休闲农业”并非一个世界通用的术语，在英文中尚无一个明确对应的词汇。在中文里，“休闲农业”一词最早出现在 1989 年台湾大学举办的“发展休闲农业研讨会”上。“休闲农业”一词传入大陆后，大陆学界亦未形成一个统一概念。直到目前，“休闲农业”与“观光农业”“乡村旅游”“都市农业”等词汇经常混用。一般而言，休闲农业是指利用农业景观、田园风光和环境资源，结合农林牧副渔生产经营活动、农村文化、民俗风情及农家生活，为人们提供休闲、观光、品尝、娱乐、教育、疗养、体验服务的农业与旅游业结合的经营形态。

休闲农业是一种集生产、生活、生态“三生一体”的多功能性产业，同时具有一二三产业特性。从生产粮、油、菜、肉、果、药、木等农产品的角度看，休闲农业属于第一产业；从根据游客市场需求进行农产品再加工的角度看，其属于第二产业；但从依托农业进行旅游资源开发与服务的角度看，其属于第三产业。从发展阶段看，休闲农业是观光农业的高级形式。休闲农业旅游者对休闲旅游项目的要求倾向于休闲、放松和休息，而不像观光农业一样重点专注于农业景观的可观赏性。

三、乡村旅游

乡村旅游是以乡村为场所、各类乡村景观资源为依托，以与乡村农事相关的乡村风情（风景、风土、风俗、风物）为核心吸引物，为游客提供的集游览、休闲、度假服务等为一体的一种旅游形式。

在理论研究和实践中，乡村旅游、观光农业和休闲农业三者之间既有区别又有联系。与观光农业和休闲农业相比，乡村旅游是以旅游的地域范围为视角界定的概念，而观光农业和休闲农业则是以农业为基础产业定义的农业衍生型旅游业。从范围来看，乡村旅游应包含观光农业和休闲农业，范围更广；观光农业和休闲农业则属于乡村旅游的一种形式。在实践中，脱离农业的乡村旅游，犹如无源之水；脱离乡村的休闲观光农业，则犹如独木之舟，可持续发展难度较大。只有进行有机结合，形成合力优势，才能形成产业聚集效应，共同发展。

四、农旅融合

“农旅融合”一词近几年才出现在理论与实践中，主要用于总结地方上农业旅游发展经验。目前，学术界对“农旅融合”一词没有明确的界定与表述，与之相关的概念有旅游业与农业融合、农旅互动等。“农旅融合”的概念是在产业融合理论的基础上发展起来的，现有研究认为，“农旅融合”是“农业+旅游业”，是农业与旅游业利用各自经营优势，通过农业生产与旅游休闲环节的互相渗透，实现市场共同扩展、经济各自发展的过程。

本研究认为，农旅融合是在观光农业、休闲农业和乡村旅游等概念基础上，结合产业融合理论演变发展而来。农旅融合，不仅仅是农业与旅游业的简单相加与融合，随着实践发展，农旅融合应是“三农资源+旅游业”的多元化、多层次融合。从融合资源来看，农旅融合主要应包括三个层面：一是“农业资源+旅游业”的融合，主要偏向休闲观光农业，既是以农业资源为基础进行的旅游开发过程，又是以旅游为目的进行的农业生产过程；二是“农村资源+旅游业”，主要偏向乡村旅游，在充分开发、融合农村的景观资源、生态资源和文化资源的基础上，为游客创造新的旅游资源与旅游空间；三是“农民资源+旅游业”，把农民从单纯的农业生产者，就地转化为农业生产经营者、旅游业经营者和服务员、旅游产品开发者（主要是具有传统技艺的农民），甚至是旅游者。

因此，农旅融合是休闲观光农业和乡村旅游的升级与融合，其充分利用“三农”资源进行旅游开发，通过“三农”资源与旅游业的有机融合，创新产业业态与经营模式，实现相互融合、共同发展的过程。农旅融合模式以“农”为基础，却超越“农”，以“旅”为目的，却立足“农”，兼具经济功能、生态功能、游憩功能、社会功能、教育功能、文化功能、疗养功能等多重产业功能，不仅可以有效盘活农村资源、促进农业转型、扩大农村就业、提高农户收益、振兴乡村经济，而且还能促进城乡资源流动，推动城乡一体化发展。

第二章　乡村振兴战略背景下推进农旅融合发展的现实需求

第一节　我国乡村振兴的现实背景

一、我国乡村的重要价值

我国是一个传统农业大国，乡村在我国经济社会发展中具有重要价值。第一，乡村是我国人类文明的起源，是我国传统文化传承的主要载体，每一个村落，都具有地域文化的独特表征。第二，乡村是我国农业生产、农民生活的主要场所。2010 年年末，我国人口总数为 13.41 亿人，常住人口城镇化率 49.95%，约有 6.71 亿农村户籍人口在农村生活。2018 年年末，我国人口总数为 13.95 亿人，常住人口城镇化率 59.58%，仍约有 5.64 亿农村户籍人口在农村生活。第三，乡村是我国生态环境和生物多样性保护的重要所在。我国是世界自然资源和生物资源最丰富的国家之一，有超过 100 万种生物资源分布在广大农村。第四，乡村还是我国重要的消费市场和城市化危机“软着陆”的载体。温铁军在其著作《八次危机》中认为，新中国成立以来的八次危机，均在城市化、工业化过程中产生，而化解这些危机，主要是通过将其向乡村转嫁。第五，乡村是农民生活的重要基本保障，是经济社会发展的稳定器。尽管农业就业与收入很难让农民致富，但却为农民提供了基本保障。农民的土地，农村自给自足的低成本生活，成为农民的“退路”，这些可以使留守或回归乡村的农民获得稳定的、有保障的生活。正是乡村给农民提供了回乡的退路和基本生活保障，我国才成为世界发展中国家中，唯一没有大规模城市贫民窟的国家，这使我国经济社会得以稳定持续发展。

二、我国乡村发展的现状与问题

改革开放以来，城市化、工业化发展加快，农村亦随之发生着新的变化。城市的扩张，使城镇近郊大量农村被吞并，而大量偏远农村，则随着农村资源向城市的转移，发展速度减慢，甚至呈现衰弱趋势。随着大量农村青壮年劳动力大量流失（截至2018年年末，我国约有2.3亿农村户籍人口流出），不少乡村慢慢出现人烟稀少、土地撂荒、房屋空置等萧条现象，一些自然村甚至因此消亡。乡村衰落是现代化进程中的一个世界性问题，是我国城市化、工业化发展的必经阶段。近年来，我国乡村衰弱问题随着城市化发展呈现加速趋势。有数据显示，近20年来，我国行政村从100多万个锐减到64万多个，有学者认为，我国近10年每天有近80个自然村消失。

为调研当前我国乡村衰落的现状与问题，2017—2019年，笔者对重庆市的3个行政村——A村、B村、C村进行了跟踪调研，以期管中窥豹，分析当前我国乡村衰落的具体表现。3个调研村地貌不同，且距离重庆主城区远近不一，具有一定的代表性。

其中，A村在重庆市一小时经济圈内，距离重庆市主城区约60千米，距离最近的高速路入口约12千米。A村属于深丘缓坡地形，区位条件较好，自然资源丰富。A村引入一个农业企业，企业流转A村及临近村庄耕地3 000余亩（1亩≈666.7平方米，全书同），发展柑橘产业与休闲农业，形成了集采摘、食宿、会议、休闲等为一体的乡村旅游模式。

B村距离重庆市主城区约160千米，距离所在地县城约20千米，有省道贯穿而过，交通便利。B村属于浅丘缓坡地形，农业生产基础条件相对良好。该村村民有长期种植经济作物——榨菜的习惯，大部分农户家中都会种植一季榨菜，亩均收入在3 000~6 000元之间（受产量、价格影响）。据调查，普通农户家庭榨菜种植面积一般为3~5亩，最多的约15亩，最少的仅1亩左右。尽管榨菜产业是B村的支柱产业，但到目前为止，B村没有形成具有一定影响力的榨菜规模生产经营新型主体。B村另有肉牛、生猪与蛋鸡养殖产业，以家庭农场经营模式为主。

C村距离重庆市主城区约240千米，距离所在地县城约80千米，距离其乡政府所在地约15千米。目前，C村至乡政府所在地的连接公路为盘山公路，公共交通尚未完善。C 村属于深度贫困村，所属乡人口不足 3 000 人，无集贸市场。C 村属于高山深谷地形，农业生产条件比较恶劣，村里农业生产仍然以玉米、红薯等传统作物为主。村里有 8 户养殖大户，以养殖土鸡为主。

通过对上述 3 个村庄的深度调研，笔者发现重庆市乡村发展现状与问题呈现出以下特点：

（一）人口大量外流

乡村人口大量流失是乡村衰落的重要标志。近 40 年来农村人口的单向性外流，加速了我国乡村的衰落速度。上述 3 个村庄，尽管区位条件、地理地貌、产业基础等各不相同，但却同样面临村庄人口大量流失的局面（见表 2-1）。

表 2-1　调研村人口分布情况统计表

调研村	村庄人口		外流人口			留守人口		
	总人口/人	其中：劳动力/人	外流总数/人	其中：劳动力/人	外流人口占总人口比重/%	总留守人口/人	其中：劳动力/人	留守劳动力占留守人口比重/%
A 村	3 150	2 098	2 159	1 881	68.5	991	217	21.9
B 村	2 653	1 435	1 430	760	53.9	1 223	675	55.2
C 村	1 225	694	829	624	67.7	396	70	17.7

注：劳动力人口的年龄为 18~60 岁。

从表 2-1 可以看出，3 个调研村的外流人口都超过村庄户籍人口的一半。外流人口最多的是 A 村，外流人口占全村总人口的 68.5%；外流人口相对较少的是 B 村，外流人口占全村总人口的 53.9%。此外，通过表中的数据还可以计算出，A、B、C 三个村的外流人口中，劳动力占比分别为 87.1%、53.1%、75.3%。村庄外流人口比例和劳动力外流比例两组数据，正好可以反映出调研村庄的村情。A 村由于耕地大量流转给企业，不少村民家庭不再进行农业生产。进驻企业尽管需要劳动力，但其产业季节性强，村民仍然选择外出务工。外出务工的劳动力占比最大，也从侧面反映了该村的地理优势。同时，由于 A 村距离重庆市主城区较近，村附近有小学，外出务工人员回家看望老人和子女更为便利，所以该村由于教育和照料老人等因素造成的非劳动力外流比例最小。B 村的外流人口在 3 个调研村中最少，这是因为该村农业产业发展较好，既有养殖业，又有长期种植榨菜的习惯。此外，B 村距离所在地县城近，村民就近务工、经商较便利，因此，该村留守村庄劳动力占留守总人口比重是 3 个村庄中最高的。C 村地处高山贫困地区，外流人口较多，特别是劳动力大量外流，留守劳动力仅占全村劳动力的 10.1%，占留守人口的 17.7%。

（二）耕地撂荒增多

伴随着大量人口，特别是青壮年劳动力的流失，曾经被农户视为生存之本的耕地不再被重视，越来越多的耕地被撂荒。上述 3 个调研村也不例外，都存在不同程度的耕地撂荒（见表 2-2）。

表 2-2　调研村耕地及撂荒情况统计表

调研村	耕地面积			撂荒面积/亩	撂荒比重/%
	耕地总面积/亩	其中:水田/亩	其中:旱地/亩		
A 村	3 026	1 372	1 654	726	24
B 村	2 868	1 680	1 188	83	2.9
C 村	5 278.9	943.9	4 335	1 820	34.5

从表 2-2 中可以看出，3 个村庄中，撂荒耕地面积最多的是 C 村，撂荒耕地比重达到 34.5%；撂荒耕地面积最少的是 B 村，撂荒耕地比重仅为 2.9%。调研发现，A 村尽管有近一半的耕地流转，但剩余的耕地中仍然有 45%左右被撂荒。有村民表示，耕地撂荒情况，最早出现在 2005 年左右，尽管后来有企业进村发展产业，但除了流转的集中连片耕地外，其他撂荒耕地并未复垦，且边远土地撂荒还有一定增加。B 村具有良好的区位优势与榨菜产业基础，因此耕地撂荒率较低，即使全家外出务工，其他村民也愿意流转或免费帮其代耕。在 3 个村庄中，C 村人口最少，人均耕地面积最大，但该村耕地中，可灌溉水田耕地面积比重仅占 17.9%，余者均为有一定坡度的旱地。由于地广人稀，不少旱地逐渐无人耕种，撂荒现象比较严重。

（三）农房闲置率提高，农民外购商品房积极性增强

农村人口的外流，从早期的以青壮年男性劳动力为主，到当前不少家庭的举家外出，使不少村庄出现了农房人去楼空的现象，有的村庄甚至十室九空。从表 2-3 可以看出，在 3 个调研村庄中，房屋空置率最高的是 C 村，达到 26.4%，最低的是 B 村，仅为 8.2%。

表 2-3　调研村村民户数及房屋空置情况统计表

调研村	村家庭总户数/户	村整户外出家庭户量/户	房屋空置率/%
A 村	1 168	242	20. 1
B 村	765	63	8. 2
C 村	303	80	26. 4

注：房屋空置率=村整户外出家庭户量/村家庭总户数。依据农村家庭惯例，以一户一房为标准统计，整户外出即认为有一套农房空置。

与村庄农房空置率逐年增加相对应的是农民外购商品房积极性增强。调研发现，3 个村庄不少村民家庭在外购买了商品房（见表 2-4）。从表中可以看出，3 个调研村庄农户平均在外购房率达到 26%。其中农户家庭在外购房率最高的是 C 村，达到 29%；最低的是 B 村，为 20. 9%。调查发现，贫困村 C 村在外购房率较高，村民对在外（主要是所在地县城和重庆市主城区）购买商品房的愿望最迫切，这与 C 村地处高山，出行、教育、医疗等不便利有关。

表 2-4　调研村村民在外购买商品房数量统计表

调研村	村家庭总户数/户	在外购买商品房户数/户	农户在外购房率/%
A 村	1 168	328	28. 1
B 村	765	160	20. 9
C 村	303	88	29

（四）农民务农意愿不高

近年，我国高度重视“三农”问题，出台大量惠农政策，助推农业产业发展、农村基础设施建设和农民增收。但调研发现，农民从事农业的意愿仍然不高。在上述 3 个调研村庄的 150 户样本家庭中，留有 20~60 岁劳动力的家庭有 63 户。在这些家庭中，专职从事农业生产的仅有 35 人。这 35 人之所以留守农村且从事农业生产，大多是因为“家庭中有年迈生病的老人，或有幼童需要照顾”，以及“自己身体有病”等客观原因，而主观上决定留守的不足 10 人。当这 35 人被问到“是否愿意长期从事农业生产”时，18 人回答“不愿意”，10 人愿意在获得更多政策支持的条件下发展农业产业，而仅 7 人回答“愿意”。在 150 户样本家庭中，除去有劳动力留守的 63 户家庭外，其余 87 户家庭的农业生产者主要是 60 岁以上的留守老人。这部分留守老人对农业有感情，从事农业生产经营的意愿比年轻人更高。但当被问到“如果以后你做不动了，你的家庭中是否有年轻人愿意回来务农”时，他们纷纷表示“不可能，他们不愿意，也不会做农活了”。

（五）农业从业者老龄化

调查发现，留守村庄的劳动力仅有较少一部分专职从事农业生产，还有一部分虽在村庄或附近务工，但会参与家庭农业生产工作，属于兼职型农业从业者，另有部分则以经商务工等为主，基本不再参与农业生产。在150户调查样本农户中，仅有59户样本家庭有劳动力兼职（24户）或专职（35户）参与农业生产，占39.3%，另有60.7%的样本家庭，农业生产全部依靠留守老人，这些老人年龄从60~85岁不等，多为65~75岁。随着大量农村劳动力外流，农业从业者老龄化现象加剧。

（六）农业经营收入占家庭收入比重下降

随着农村家庭主要劳动力外出务工比例大幅提升，务工收入占农村家庭收入比重提高。据统计，2017年，我国农村居民可支配收入为13 432.4元，其中工资性收入为5 498.4元，占可支配收入的40.9%，第一产业经营收入为3 391元，仅占可支配收入的25.2%。重庆市农村居民可支配收入低于全国平均水平。2017年，重庆市农村居民可支配收入为12 638元，其中工资性收入为4 395元，占可支配收入的34.7%，第一产业经营收入为3 504元，仅占可支配收入的27.7%。对3个调研村庄的150户调研样本家庭的数据进行整理后，剔除“藏富”心理导致的可能性隐瞒，以及老人对外出务工子女收入的不了解导致的数据失真等情况，剩余有效统计数据71份。通过对数据的分析可以看出，在71户样本家庭中，农业经营收入占家庭收入的比重为9%~57%，平均占比约为21.3%，低于全市平均水平。

（七）乡村义务教育大量从村庄向外转移

乡村义务教育外移，有被动与主动两种情况。被动外移主要是指近年来大量乡村小学的撤并，使处于义务教育阶段的农村孩子的上学地点从村内向村外移动；主动外移主要是指在义务教育阶段，农村孩子或因为家里没有留守老人需要照顾，或因为父母追求更好的教育条件，而随同务工父母到异地上学，或到附近教学条件更好的学校上学的情况。乡村义务教育外移是乡村衰落的表现，加速了乡村衰落。调研发现，重庆市的乡村外流人口中，除了外出务工的劳动力外，因上学和伴读而外流的人口也在逐年增加。在上述3个调研村庄中，仅有一个村还保留小学，其他两个村庄的孩子均要到当地乡镇所在地的中心小学去上学。C村离中心小学最远，约20千米。因此，孩子教育也成为不少家庭外迁的原因。如在A村，有27户家庭因孩子上学需要，到镇上租房居住；另有41户家庭的处在义务教育阶段的孩子离开村庄，选择到当地县城、重庆市区或父母务工地就读。

（八）乡村自治组织弱化

农村的村民委员会和村党支部委员会（简称村两委）是村庄进行村民自治管理的核心组织。其中，村民委员会是村民自我管理、自我教育、自我服务的基层群众性自治组织；村党支部委员会则是中国共产党在农村的基层组织，按照党的章程进行工作，发挥领导核心作用，支持和保障村民开展自治活动。调查发现，与国内其他地区的村民委员会选举相比，西南地区村民委员会选举对村民缺乏吸引力和约束力，不少村民委员会成员年龄普遍偏大。以上述3个调研村为例，3个村庄村民委员会主任年龄均在50岁以上，村民委员会成员平均年龄为46.6岁（见表2-5）。其中C村村民委员会成员最多，平均年龄最低，学历最高，这与我国当前的脱贫攻坚政策紧密相关。

表2-5　调研村村民委员会人员结构情况统计表

调研村	村民委员会成员数量/人	村民委员会成员平均年龄/岁	村民委员会成员平均学历
A村	5	51	高中
B村	5	48.8	高中
C村	7	42	大专

调研发现，村干部在村民当中的影响力和号召力正在逐渐丧失。有的村民认为，村民委员会换届选举与自身利益关系不大；还有的认为谁当选都一样，或认为换届选举是“走形式”；有80%的农户甚至对村务公开情况根本不关心。参与村民委员会选举的村民，一般均在本村或附近从事农业产业或商业经营，之所以参选，更多是为了个人经营，这使村民委员会成员很难将全部精力投入工作中。

村党支部委员会是党在农村的基层组织，是村各种组织和各项工作的领导核心。在村党支部委员会中，乡村衰落具体表现为：常年在外务工的党员增加，支部活动难以开展；党员年龄偏大，后续党员发展不足等方面。以3个调研村为例，3个村常年在外务工的党员占党员总数的31.7%，60岁以上党员占党员总数的55.5%，30岁以下党员仅占党员总数的5.3%（见表2-6）。调研还发现，近年村党支部委员会党员发展难度大，是因为年轻人多在外务工，对村基层党组织了解不多，入党积极性不高。

表 2-6　调研村党支部委员会人员结构情况统计表

单位：人

调研村	村党支部委员会党员		党员性别		党员年龄分布		
	党员总数	其中：长年在外党员	男	女	30 岁以下	30~60 岁	60 岁以上
A 村	96	27	79	17	5	34	57
B 村	64	23	56	8	4	23	37
C 村	29	10	27	2	1	17	11

三、乡村振兴战略提出

对重庆地区 3 个村庄的调研反映出乡村发展的现状与问题。尽管调研具有一定的地域局限性，但仍然从侧面反映出，我国乡村发展面临的新形势与危机。乡村衰落是现代化发展进程中的必然结果，已经成为一个世界性问题。为解决乡村衰落问题，各国先后出台了一系列应对政策，试图复兴乡村经济。我国历来重视“三农”问题，也出台了一系列政策破解“三农”问题。如：2005 年提出建设社会主义新农村，2006 年全面取消农业四税（农业税、屠宰税、牧业税、农林特产税），中央一号文件连续 10 余年聚焦“三农”问题等。这些政策有力推动了我国农业农村经济发展，使我国粮食持续增收，农民收入稳定增长。但在城市化高速发展过程中，农村人口、资金外流趋势无法阻止，我国乡村衰落趋势仍然加剧。正是基于此，党的十九大提出乡村振兴战略。

乡村振兴是乡村功能的全面发展和提升。党的十九大提出乡村振兴战略，既及时推动了全面建成小康社会的实现，又与第二个百年奋斗目标相契合。乡村振兴，是乡村的全面振兴，既包括经济、社会和文化的振兴，又包括治理体系、人才队伍、民生保障和生态文明的振兴。实施乡村振兴战略，要满足“产业兴旺、生态宜居、乡风文明、治理有效、生活富裕”的总要求，要以“产业振兴、人才振兴、文化振兴、生态振兴、组织振兴”为基本内容，最终实现“农业强、农村美、农民富”的目标。

第二节　乡村振兴背景下推进农旅融合发展的必要性

一、促进农业增效的重要途径

我国农业比较效益低，产业发展面临的自然风险与市场风险高。为提升农业比较效益，近年来，我国不断推进农业适度规模经营与农业机械化，通过规模效益与劳动力成本替代，降成本、提效益。这些措施在一定程度上提升了农业效益，推进了现代农业发展。但对于一些农业机械化难以替代的产业，以及农业机械化难以推进的山地农业生产区，提升农业效益的途径则十分有限。由于农业比较效益低，农村留不住人才，大量农村人口向城市流转，留守农村的农业生产者日趋老龄化。因此，当前提升农业比较效益，是提高农业产业吸引力，刺激农民返乡与城市资源下乡的关键，也是恢复乡村人气，推进乡村振兴的关键。推进一二三产业融合，是推进农业产业业态创新，促进农业增效的重要途径，也有利于恢复乡村人气，使乡村产业兴旺。一二三产业融合，在横向上模糊产业界限，在纵向上延伸产业链，是业态创新的重要手段。它能推动农业从单纯农产品生产功能向多功能拓展，推动农村从农民生产的聚集地向旅游景区转变，推动农民从农民生产者向农耕文化展演者转变，促使“三农+”文化、教育、旅游、康养等产业发展，催生创意农业、教育农园、消费体验、民宿服务、农业科普、康养农业等新产业新业态，把农业生产、农产品加工、乡村旅游等一二三产业融合在一起，并将这些产业从零星分布向产业集群发展转变，从郊区和景区周边向更多适宜乡村拓展。农旅融合是一二三产业融合的重要形式，其立足“三农”资源优势，推进旅游产业的伴生发展，以农促旅，以旅带农，让农业有文化内涵可品、有休闲娱乐可体验、有景观可欣赏，以实现农业物化产品和精神产品的双重增值，产生复合经济效应，有效提高农业的比较效益，提升农村生态与社会效益。

二、促进农民增收的重要手段

研究发现，近年来，农业经营收入在农民家庭收入中的比重持续下降。为促进农民增收，国家不断推进农村制度改革，从增加农民财产性收入，到出台新的土地法、推进集体经济改革等。但在大量农村，农民的收入渠道仍然比较单一，外出务工仍然是增加家庭经济收入的主要途径。而农旅融合模式，有效拓展了农民收入渠道，是促进农民增收的重要手段。通过推进农旅融合发展，农民不离开村庄就可以通过多渠道获得收入——初级农产品商品化，即由于游客进入，农户生产的不少初级农产品能就地销售，提升了农产品商品率，促进了农民增收。农产品精深加工与手工艺开发，即基于旅游景观打造农业产业，并在此基础上开发旅游农产品特产；或基于旅游带动的传统手工艺开发，如传统绣艺、布艺、陶艺、编织、木工等，农民就地取材生产各类可观赏、可携带的商品和工艺品等，有效提升农业生产附加值，拓展农民收入渠道，增加农民收入。土地流转，即基于旅游开发与农业产业发展，对土地进行集中流转，使农民获取土地租金。农民农房等资源利用，由于游客进入，对食宿等需求增加，有些农户可利用农家庭院发展供游客休闲的“农家乐园”或可住可租的旅店来增加财产性收入，或者在旅游服务区等开展经营服务，获得经营收入。农业农村景观化，依托“三农”资源发展乡村旅游，若与村集体或村民通过入股等方式进行合作经营，村民作为村集体公共资源的共享者，有权参与经营收益分红。除了上述可能的收入渠道，农民还能通过就地务工，获得务工收入，或进行非遗文化表演，获得服务收入等。实践证明，农旅融合模式拓展了农民收入渠道。

三、促进城乡资源要素流动的重要方式

我国长期以来的城乡二元经济体制，无形中隔离了城市与乡村。在城市化进程中，农村长期为城市建设提供食物、人力和资金，这种单向的资源流动，使农村发展后续不足，不少农村衰弱甚至消失。同时，由于城市的快速发展与扩张，“城市病”成为城市发展的桎梏，人们渴望体验美好的田园生活，感受心灵的宁静平和。乡村的田园风光、农村生活、乡土文化等，可使市民亲近自然，缓解城市工作及生活的紧张压力，因此，乡村休闲旅游成为市民周末休憩的新选择。农旅融合模式，搭建了城乡资源要素流动的新平台，是促进城乡资源要素流动的重要方式。乡村休闲旅游业以其连接城乡、沟通工农的独特功能，促进城乡从单向流动向双向流动转变。农旅融合开发，促使田园变公园，农村变景区，使农村的田园风光、农耕文化和农产品，能就地转化为商品销售，同时，城市居民的“乡愁”“田园梦”也能因此在乡村田野得到实现。农旅融合模式的发展，不仅吸引了城市居民下乡，农村外流人口的返乡就业创业，促进了市民和农民互动交流，还形成了新的消费市场，带动城市资本下

乡。特别是一些具有地域优势和资源优势的乡村，已优先获得工商资本的青睐，企业的进驻有效带动了当地产业发展与经济社会。工商资本下乡参与农业和农村改造，使乡村的水、电、路、气、通信等公共设施得到改善，城市的公共服务、生产技术和管理技术正快速向农村延伸，消费支出正由城市向农村流动。

第三节　农旅融合模式的市场空间分析

一、农旅融合休闲旅游市场的发展

近年来，随着我国经济持续增长，居民消费结构发生了较大变化，消费从温饱型向小康型全面转变。可支配收入的大幅提升，交通条件的日渐完善，带薪休假的制度化，使人们对休闲旅游的需求加大，使休闲旅游消费市场快速发展。有研究认为，18 世纪前，人们可用于休闲的时间只有 17%，19 世纪为 23%，21 世纪初达到 41%，而 2015 年以后将达到甚至超过 50%。2013 年 2 月，国务院办公厅发布《国民旅游休闲纲要（2013—2020 年）》，标志着中国正在逐步进入休闲时代。实际上，最近几年，我国旅游市场发展迅速。统计数据显示，2010 年，我国国内旅游人数达 21. 03 亿人次，旅游总收入为 1. 57 万亿元。近年来，随着我国经济社会快速发展，我国国内旅游人数、旅游总收入水平等持续稳定增长。2019 年，我国国内旅游人数超过 60 亿人次，是 2010 年的 3 倍左右；全年实现旅游总收入 6. 63 万亿元，是 2010 年的 4 倍多。2020 年，我国旅游市场虽受新冠肺炎疫情影响，但整体发展趋势不变。

在全国旅游业迅速发展的背景下，我国乡村休闲旅游获得良好发展机遇。我国休闲农业和乡村旅游已从零星点状分布，向聚集片区分布转变，空间布局从城郊和景区周边向更多适宜发展的乡村拓展。自从 2010 年农业部、国家旅游局决定创建休闲农业与乡村旅游示范县和全国休闲农业示范点以来，我国休闲农业和乡村旅游示范县达到 388 个，聚集村达到 9 万多个，美丽休闲乡村 710 个，美丽田园 248 个。数据显示，2012—2018 年，我国休闲农业与乡村旅游人数不断增加，从 2012 年的 7. 2 亿人次增至 2018 年的 30 亿人次。乡村旅游人数占国内游人数比重超过 50%，而休闲农业成为城市居民休闲、旅游和旅居的重要目的地，成为乡村产业的新亮点。从收入水平来看，2012—2018 年，我国休闲农业与乡村旅游营业收入增长十分迅速。其中，2013 年、2015 年、2016 年我国乡村旅游游客营业收入增长都在 30%以上，2018 年我国乡村旅游收入超过 8 000 亿元。

2019 年，我国休闲农业与乡村旅游发展态势保持良好。据《全国乡村旅游发展监测报告（2019 年上半年）》数据显示，2019 年上半年，我国乡村旅游人数达 15.1 亿人次，同比增加 10.2%；总收入为 8 600 亿元，同比增加 11.7%，超过 2018 年全年乡村旅游收入总和。以北京为例，2019 年 3 月 16 日至 5 月 12 日，北京农业嘉年华推出 190 多个创意农业景观、800 多个农业优新特品种、70 多项先进农业技术、220 多项互动体验活动，累计接待入园游客 110.72 万人次，带动周边草莓采摘园接待游客 253 万人次，昌平民俗旅游接待游客 55.72 万人次，实现总收入 2.47 亿元。

作为一个具有悠久历史的农业大国，我国农村地域辽阔，农业资源与文化丰富，农旅互动发展由来已久，从早期的农家乐、观光农业、休闲农业、乡村旅游，到后来的创意农业、田园综合体、农旅融合。经过多年发展，特别是近年来休闲农业与乡村旅游发展发展速度加快，我国农旅融合休闲旅游发展呈现出以下四个特点。一是结构布局不断优化，优势资源逐渐积聚，形成发展了一批经营规模大、乡土气息浓的农家乐聚集村，一批特色鲜明、服务优异的休闲农庄（园区），一批功能多样、产业融合的田园综合体和特色小镇。二是农旅融合不断深化，融合模式与内容更加多元化，涌现出“农业+旅游”“农业+教育”“农业+文化”“农业+康养”等多种表现形式。三是发展模式不断丰富，推动“三农”资源不断发生新的转变——乡村传统田园向公园转变，农业生产区向景区转变，农业生产劳动向农耕体验活动转变，农房向客房转变，农产品向具有更高附加值的商品转变；同时，促进新型农业经营主体从传统专业大户向多元化经营模式转变，激发农业经营主体挖掘乡间尘封的遗存，唤醒乡村沉睡的资源，使其在农旅融合中呈现出新的价值。四是农旅融合使农民收入途径增加，让农民的收入不再限于农业经营收入，而是通过日趋健全的融合产业链利益分享机制，获得就地、就近就业务工收入，土地、林地、农房等资源性收入，带动农民持续增收。

实践证明，休闲农业和乡村旅游已成为城市居民休闲、旅游和旅居的重要选择，农民增收的重要途径，并成为我国旅游投资的热点领域之一。农旅融合，能够多维度开发农业多功能、提升乡村价值，创新和丰富休闲农业与乡村旅游业态，使休闲农业和乡村旅游进入一个新的发展时期。

二、休闲旅游市场未来发展趋势

农旅融合的休闲旅游市场近年来之所以发展迅速，得益于我国经济社会的快速发展。进入 21 世纪，我国国内生产总值持续稳定增长，居民可支配收入年增长超过 8%。其中，城镇居民人均可支配收入首次超过 4 万元，2019 年达到 42 358.8 元；农民居民人均可支配收入 2019 年达到 16 020.8 元。随着居民人均可支配收入增加，居民消费结构发生新的变化，旅游消费市场发展迅速。据中国旅游研究院（文化和旅游部数据中心）发布的《2019 年旅游市场基本情况》显示，2019 年，我国旅游经济继续保持高于 GDP 增速的较快增长。国内旅游市场和出境旅游市场稳步增长，入境旅游市场基础更加稳固。2019 年，国内旅游人数达 60.06 亿人次，比上年同期增长 8.4%；入出境旅游总人数达 3 亿人次，同比增长 3.1%；全年实现旅游总收入 6.63 万亿元，同比增长 11%。

我国旅游人数与旅游收入的大幅增长，除了与居民收入水平增长、消费理念转换相关，也与我国节假日增加有关。我国自 1995 年 5 月 1 日起实行双休日制度，后来又增加了“五一”“国庆”“春节”小长假，以及元旦、清明、端午、中秋等假期。2007 年 12 月 7 日，国务院第 198 次常务会议通过《职工带薪年休假条例》，并于 2008 年 1 月 1 日起施行。2008 年 9 月 18 日，国家人力资源和社会保障部又出台了《企业职工带薪年休假实施办法》，规定职工每年增加 5~15 天带薪年休假。如此计算，职工每年可休息天数超过 120 天。此外，我国老龄化加速，大量退休人员赋闲在家，而互联网技术的发展又催生了大量自由职业者，这些都为国内旅游市场的发展创造了良好的条件。

与传统景区式旅游相比，休闲农业与乡村旅游以便捷、成本低、自由轻松、形式丰富等优点，吸引了越来越多的人，特别是在短期假期，休闲农业与乡村旅游发展迅速。2016 年，某研究机构发布报告，预测 2020 年我国休闲农业和乡村旅游市场规模将超过 7 000 亿元。实际上，2017 年，我国休闲农业和乡村旅游市场规模已经超过 7 000 亿元，2019 年这一数据突破 1 万亿元大关。数据显示，2015—2019 年，我国休闲农业和乡村旅游市场发展加速，年平均旅游总人次增长率约为 10%，旅游总收入年均增长率约为 20%。2020 年，受新冠肺炎疫情影响，上半年全球旅游市场发展几乎停滞，休闲农业和乡村旅游市场受到较大影响，旅游总人次与总收入必然也受到影响。在党和政府的正确领导下，全国人民万众一心，众志成城，我国疫情迅速得到控制，全国大部分地区很快安全复工复产，休闲农业与乡村旅游开始复苏。由于国外疫情尚未过去，旅游市场向国内集中。与城市相比，乡村清新的空气与美丽的田园风光，在疫情后显得尤为珍贵，必然推动休闲农业与乡村旅游的恢复发展。我国休闲农业和乡村旅游市场的迅速发展，充分说明了我国农旅融合具有广阔的市场前景。可以预测，在外部条件向好的背景下，到 2025 年，我国休闲农业和乡村旅游总人数将接近 50 亿人次，总收入将达到 3 万亿元，休闲农业和乡村旅游将成为旅游市场的重要组成部分。

随着休闲农业和乡村旅游市场的壮大，目标市场细分，游客的消费需求呈现个性化与多元化。从年龄方面来看，不同年龄阶段的游客，其休闲旅游需求不同：离退休老年人偏向于养生休闲；中青年由于承担工作与家庭的责任，偏向于周末放松与亲子教育游；青少年则偏向于农事与农耕文化体验、探险等。未来，休闲农业和乡村旅游发展必然向多样化、融合化和个性化趋势发展，并重点向健康养生、亲子教育、休闲娱乐、“乡愁”回归、避暑避寒、农事体验、农耕文化等方向发展。

第三章 农旅融合发展的“三农”资源要素

第一节 农旅融合资源要素的内涵与特点

一、农旅融合模式的“三农”资源要素内涵

《辞海》对“资源”的解释为“资财的来源”，广义上的“资源”可以指一国或一定地区内拥有的物力、财力、人力等各种物资要素的总和。在农旅融合开发中，既有以“农”资源为基础、以“旅”为目标进行的农旅融合开发，如依托农业景观、农村生态、农耕文化打造休闲农业与乡村旅游项目，又有以“旅”资源为依托，有效配置“农”进行的农旅开发，如依托旅游资源，在景区周边发展民宿与休闲体验农业等。但最主要的资源要素在于“农”，农业、农村和农民是农旅融合中最重要的资源要素。农旅融合，本质上是依托“三农”资源要素为基础，向外延伸拓展形成的新型业态开发。

农业资源要素的对外拓展，包括传统农业生产过程再现、现代农业科技展示、农产品延伸开发、农业资源的文化内涵外现，以及农业资源的根据旅游需求进行的美化、艺化与体验等。农业要素资源对外拓展，能够为游客创造优美的绿色生态休闲环境，并提供可观光休闲、健康养生、生产体验、娱乐教育等多种与农业相关的休闲旅游服务。如对农产品品种进行拓展、丰富，对农产品进行精深加工，赋予农产品文化内涵等；延长产业链，开发农产品的多种消费和利用途径；将生产、销售、服务连结为一体，进一步拓展农产品市场空间，特别是满足休闲旅游消费的需要。

农村资源要素的对外拓展，包括农村的自然生态、生活方式、村落文化、

传统民居等农村资源的旅游化开发利用，如依托民居开发的民宿产业，依托传统农耕文化开发的农耕文化展示与体验项目等。

农民资源要素的对外拓展，主要是促进农民身份的多元化延伸，发挥农民群众在农旅融合开发中的“多功能性”。农民资源要素的对外拓展，将农民从农业生产领域延伸到农产品加工、销售和休闲服务行业，使农民能够参与农旅项目的农业生产与加工、农产品销售、乡土文学创作、非遗文化传承与展示、农旅经营与服务等工作，把农民从简单的农业生产者，向农旅经营者、展演者、服务者，甚至消费者等身份转化，以提升农民价值。

随着休闲农业与乡村旅游的发展，旅游吸引物已不再局限于狭义的农田景观、农事劳作等农业资源，而是拓展到与农业、农村、农民相关的众多物质、行为和观念等层面的内容。故此，农旅融合需要充分调动农业、农村与农民资源，以产业（农业）为基础，以地域（农村）为特色，充分发挥经济行为主体（农民）的主观能动性，使“三农”资源与旅游开发交互融合，共同推动农旅融合提档升级。

二、农旅融合开发中“三农”资源要素的特点

“三农”资源作为农旅融合的资源要素时，一般具有如下三个特点。

一是作为农旅融合开发的“三农”资源，既有有形资源，又有无形资源。农旅融合开发中，“三农”的有形资源主要包括农业的动植物品种资源、农村的生产生活工具、村落民居等。这些资源可以通过美化与展示，成为农旅融合中看得见、摸得着的景观资源。农旅融合开发中，“三农”的无形资源一般是指没有具体形态、肉眼不可见的资源，主要包括农业农村中的文化资源、气候资源等。这些资源是依附于特定乡村环境下的特殊资源，一般只有以特定环境或农民为载体，才能得到展示。如乡村文化资源，需要通过农民去传承与展示，才能活化成为旅游中的看得见的“景观”；而乡村生态环境与清新空气，也只能在乡村才能亲身体验与感受。

二是作为农旅融合开发的“三农”资源，虽具有“农”的属性，但应以“旅”的视角进行开发利用。农旅融合开发中的“三农”资源，一般是打着“农”的烙印长期存在的。如大量的农作物资源，曾经一直以农产品生产为目标，但在农旅融合开发中，它们应作为旅游景观进行开发利用。因此，其种植的布局与规模、品种资源的色彩搭配等，都要满足旅游对田园景观的美

化需求。

三是作为农旅融合开发的“三农”资源，既能各自单独与“旅”融合，又能相互结合与“旅”相融。在早期的农旅融合中，农业与旅游的融合发展是主要形式，但随着农旅融合的发展，农业、农村与农民资源与旅游开发相互交错，使农业的景观、农村的文化与农民的服务同时成为农旅融合模式中的重要元素。

第二节　农业资源

农业资源是人们从事农业生产或农业经济活动所利用或可利用的资源，一般包括农业自然资源和经济资源。农业自然资源指农业生产可以利用的自然环境要素，如土地资源、水资源、气候资源和生物资源等；农业经济资源指直接或间接对农业生产发挥作用的社会经济因素和社会生产成果，如农业人口和劳动力的数量和质量、农业技术装备（包括交通运输、通信、文教和卫生等农业基础设施）等。农旅融合对农业资源的依赖程度较高，本研究根据农业资源在农旅融合中的开发利用情况，把农旅融合中可进行开发利用的主要农业资源，分为农业生物资源、农业生产资源和农业文化资源三大类。

一、农业生物资源

生物资源是自然资源的有机组成部分，是指生物圈中对人类具有一定经济价值的动物、植物、微生物有机体以及由它们所组成的生物群落。农业生物资源是可在人类农业生产生活中发挥作用的生物资源，分为常规农业生物资源和野生农业生物资源（见表3-1）。常规农业生物资源，一般是指在人类农业生产中可以进行规模种植、养殖的农业植物类资源和动物类资源。植物类资源包括粮食作物资源、油料作物资源、林果类资源、蔬菜类资源、花卉类资源、杂粮绿肥等资源等；动物类资源包括常规畜牧类资源、家禽类资源、水产类动物资源、特色经济动物类资源等。野生农业生物资源也包括植物类和动物类资源。其中，野生植物类资源是指原生地天然生长的植物，包括野生乔灌木和林果资源、野生蔬菜资源、野生菌类资源、野生花卉类资源、野生中药材等资源等；野生动物资源是指在大自然的环境下生长且未被驯化的动物，包括我国各类珍稀野生动物，含兽类、鸟类、爬行类、两栖类、鱼类以及软体动物和昆虫类。

表 3-1　主要农业生物资源

<table>
<tr><td rowspan="16">农业生物资源</td><td rowspan="10">常规农业生物资源</td><td rowspan="6">植物类</td><td>粮食作物资源</td><td>如水稻、玉米、青稞、小麦、薯类等</td></tr>
<tr><td>油料作物资源</td><td>如油菜、花生、大豆、芝麻、向日葵等</td></tr>
<tr><td>林果类资源</td><td>如苹果、桃、梨、杏、核桃、李子、樱桃、枣等</td></tr>
<tr><td>蔬菜类资源</td><td>如白菜、菠菜、生菜、韭菜等各类叶菜；南瓜、冬瓜、番茄、茄子、辣椒等茄果类蔬菜；土豆、藕、萝卜等根茎类蔬菜；平菇、香菇、金针菇等菌类蔬菜</td></tr>
<tr><td>花卉类资源</td><td>如各类草花、乔灌木花卉、水生花卉等</td></tr>
<tr><td>杂粮绿肥等资源</td><td>如红豆、绿豆、芸豆等各种豆类，以及紫云英、苜蓿、草木樨等绿肥作物</td></tr>
<tr><td rowspan="4">动物类</td><td>常规畜牧类资源</td><td>如猪、牛、羊、马、驴、骡等</td></tr>
<tr><td>家禽类资源</td><td>如鸡、鸭、鹅</td></tr>
<tr><td>水产类动物资源</td><td>如海洋、江河、湖泊养殖的各种鱼、虾、蟹、贝类等</td></tr>
<tr><td>特色经济动物类资源</td><td>如蜂、家蚕、兔，以及骆驼、梅花鹿、孔雀等驯养动物</td></tr>
<tr><td rowspan="6">野生农业生物资源</td><td rowspan="5">植物类</td><td>野生乔灌木和林果资源</td><td>如冷杉、巨柏、滇楠、红豆杉等珍稀野生保护植物，其他野生乔木和灌木，以及野生葡萄、枣、蓝莓等野果类等</td></tr>
<tr><td>野生蔬菜资源</td><td>如蕨菜、香椿、荠菜、马齿苋、车前草等</td></tr>
<tr><td>野生菌类资源</td><td>如分布在全国各地的野生菌类</td></tr>
<tr><td>野生花卉类资源</td><td>如野生兰花、蔷薇等</td></tr>
<tr><td>野生中药材资源</td><td>如野生黄连、当归、天麻、丹参、人参、黄芩、山茱萸、地黄、五倍子、重楼等各类中药材</td></tr>
<tr><td>动物类</td><td>各类珍稀野生动物</td><td>如非人工养殖的兽类、鸟类、爬行类、两栖类、鱼类以及软体动物和昆虫类</td></tr>
</table>

表3-1中的农业生物资源，不仅可以满足人类对农产品的需求，且资源自身还具有开发的价值。如水稻、小麦、玉米、油菜、花生等常规粮油作物，作为休闲农业资源时，可通过创意形成较好的农业景观。一些地区利用水稻资源开发稻田画和稻田上的餐厅；利用小麦资源打造“风吹麦浪”“麦田怪圈”景

观，或将麦穗制成干花，将麦秸制成草编手工艺品等；利用玉米资源打造玉米迷宫，开展玉米采摘与烤制体验活动等；利用油菜资源挖掘油菜花的经济价值等。其他生物资源，如果蔬、花卉等植物资源，畜禽、水产、特色经济动物等动物资源，皆具有旅游开发价值将这些资源通过美食、创意活动等呈现出来，融农于旅，形成具有“农味”的休闲旅游资源。野生农业生物资源，带有一定的地域特点，是农旅融合中可因地制宜进行保护和开发利用的良好资源。如对于具有中药材资源的地区，如何将保护与开发相结合，开展具有地方特色的中药材探寻、观赏、制作药膳等项目，并使其融入旅游开发，形成地方特色，是值得思考的问题。由此可见，基于产业融合视角，从农业多功能性来看，任何农业生物资源，都可以被作为休闲农业资源进行开发利用。我国农业生物资源丰富，地域特色鲜明，为各地推进农旅融合开发奠定了良好的资源基础。

二、农业生产资源

农旅融合中的农业生产资源，是指与农业生产相关的制度、技术与器具等，一般包括农业生产中的农业耕作活动、农业技术、农业工程、农业工具等（见表 3-2）。农业耕作活动包括耕作制度、耕作方式与耕作措施等。其中，耕作制度也称为农作制度，是指一个地区或生产单位农作物种植制度，以及与之相适应的养地制度的综合技术体系。我国地域广阔，地区气候与农业生物资源差异较大，各地农业耕作制度、耕作方式、耕作措施等因地制宜，各具特色。农业技术主要是指在农业生产中采用的常规技术与高新技术。农业工程，是人为改变自然条件，完善农业生产条件的重大工程，如大型水利工程、造田工程等。农业工具，是人们在生产过程中用来直接对劳动对象进行加工的物件。无论是原始人的石斧、弓箭，还是现代化的各种机器、工具、技术设备等，均属生产工具，都同样起着传导劳动的作用。

农业生产资源不仅具有一定的地域性，还能反映出社会经济发展的阶段性。在农旅融合开发中，农业生产资源在体验农业、科普教育等旅游活动中被开发利用得较多。如通过间、混作等形成田园彩色图绘，增加田园风光；通过体验牛耕活动，感受传统耕作的辛劳；通过传统作物栽培与现代水培等技术的对比，体会农业科技的进步；通过近距离参观生产工具、体味其历史和变迁，了解社会经济与科技发展等。传统与现代的农业生产资源，在农旅融合中均具有开发价值，重点在于开发利用的创意与展现形式。

表 3-2　主要农业生产资源

<table>
<tr><td rowspan="12">农业生产资源</td><td rowspan="3">耕作活动</td><td>耕作制度</td><td>一年两熟、两年三熟、一年三熟、一年一熟等</td></tr>
<tr><td>耕作方式</td><td>间作、套作、混作、连作、轮作等/牛耕、驴耕、机耕等</td></tr>
<tr><td>耕作措施</td><td>免耕、少耕、常规耕作</td></tr>
<tr><td rowspan="2">农业技术</td><td>常规技术</td><td>育种繁育技术、作物栽培技术、灌溉与节水技术、植物保护技术、畜禽养殖与防疫技术、农产品储藏与加工技术、农业工程技术、农业机械技术等</td></tr>
<tr><td>高新技术</td><td>生物技术、数字农业技术等</td></tr>
<tr><td rowspan="2">农业工程</td><td>农田水利工程</td><td>灌溉渠系工程，如魏国西门豹兴建的十二渠，李冰主持修建的都江堰，关中平原的郑国渠等；陂塘工程、塘浦圩田系统、海塘工程、井灌等水利工程</td></tr>
<tr><td>造田工程</td><td>围海造田工程、山区梯田工程等</td></tr>
<tr><td rowspan="5">生产工具</td><td>耕作工具</td><td>水田、坡地耕作工具，如耕翻平整农具、播种农具、中耕除草农具、收获农具等</td></tr>
<tr><td>运输工具</td><td>人力车、畜力车、铁牛车、吊笼等</td></tr>
<tr><td>储存工具</td><td>贮谷类、贮果实、贮蔬菜等</td></tr>
<tr><td>装盛工具</td><td>麻袋、箩筐、簸箕、桶具等</td></tr>
<tr><td>加工工具</td><td>脱粒器具、磨、碾等</td></tr>
</table>

三、农业文化资源

我国是个农业大国，农业文化资源丰富，在经过漫长的发展后，形成了大量的农业文化资源遗产。如施用农家肥、轮种、套种等传统农业生产技术，以及通过种养结合开展循环农业生产等，实现了对土地的永续利用。随着科技进步与经济社会的发展，大量农业文化资源逐渐被现代科技与文明取代，不少传统农业文化资源被遗弃。但现代科技带来的并非全是益处，也有弊端，如农药、化肥、除草剂、催熟剂等现代技术手段在农业生产上的大量使用，给农业生产与食品安全带来了隐患。随着生态农业的发展，传统农业生产技术与文化理念重新受到关注，并在一些地方进行尝试。农旅融合，为我国农业文化资源保护与传承提供了良好的契机，能够使沉睡的传统农业文化资源发挥新的价值，产生新的经济社会效益。

我国农业文化资源丰富，主要包括中国传统农耕思想文化理念、农业制度变迁史、传统循环农业生产模式、农业生产领域的风俗习惯、农业生物资源的驯化与发展历史等（见表3-3）。

表3-3 主要农业文化资源

农业文化资源	中国传统农耕思想文化理念	古人在农业生产中体现出的顺应天道、人与自然和谐共生等思想理念，以及大量农业古籍中体现出的农耕技术与理念。如战国末期《吕氏春秋·审时》中阐述："夫稼，为之者人也，生之者地也，养之者天也。"春秋战国时期《荀子·王制》中记载："春耕、夏耘、秋收、冬藏，四者不失时，故五谷不绝。"西汉《太初历》规定农业生产的时间。清代《知本提纲》提出耕作应先后有序，不可违背自然规律等
	农业制度变迁史	土地制度，如原始社会实行的氏族公社土地公有制，夏商周时期的井田制，曹魏时期的屯田制，北魏到唐朝中期的均田制等；耕地保护制度，如南方山区盛行的畲田制，西南少数民族地区的撂荒制等；抗旱灌溉制度，如明代《农政全书》中总结出"用水五术"，从地上、地下等诸多方面广辟水源，通过引水灌田、修梯田、筑池塘、建水库等积蓄水资源，以备旱年使用，如新疆地区的坎儿井就是古代节水农业发展的典型
	传统循环农业生产模式	如桑基鱼塘模式、"粮—酒—猪—粮"模式、"猪—鱼—果"模式等传统种养结合循环农业生产模式
	农业生产领域的风俗习惯	农业生产中的祭祀、庆祝等活动，如祈年求雨习俗、祭山拜地习俗、开犁开镰习俗、丰收庆典习俗等
	农业生物资源的驯化与发展历史	稻、粟、粱、麦、黍等粮食作物、花草果蔬，以及驯养家畜、家禽等农业生物资源的起源、驯化、发展等历史变迁与文化传承

我国的农业文化资源，反映出我国不同历史阶段的农业生产条件、经济社会发展变迁、农业生产经营制度改革，以及农业科技的发展进步。挖掘传统农业文化资源，并将其融入农旅融合开发，不仅可以使这些宝贵的传统文化资源得以延续与传承，还可以增加农业旅游的趣味性与仪式感，提升农业旅游的内涵与档次。农业文化资源在农旅融合中的活化与利用，一般通过场景再现、图片文字、参与体验等方式体现，如重现传统"猪—鱼—果"等传统农业种养结合模式。在这种模式下，小规模的家庭农场能够实现农场内部的生态循环；

有的村庄则通过内部产业分工与合作，实现村域内的传统农业种养循环，发展有机农业。农旅融合开发，更多的是开发农业生产领域的风俗活动，如将独具地方特色的祭祀、庆祝等仪式活动融入生产环节，以提高农业旅游的趣味性与人气。

第三节　农村资源

农村具有良好的生态环境、多样化的地势地貌、悠然的乡村生活、独具特色的村居民屋等，这些都是农旅融合发展的重要资源。然而，随着城市化发展加剧，乡村逐渐衰落与萧条，不少农村资源被破坏，但要明确的是，农村资源是城乡居民寄托“乡愁”的主要载体，是人类社会发展中的宝贵财富，振兴乡村，必须重视对农村资源的保护与利用。

一、农村生态资源

与城市相比，农村拥有良好的生态资源，包括更优质的空气、更丰富的地势地貌、更高的森林覆盖率、更美的田园风光等（见表 3-4）。这些乡村独有的生态资源优势，推动了休闲农业与乡村旅游的发展。

表 3-4　主要农村生态资源

农村生态资源	气候资源	乡村气象观测与感受；空气质量；海拔高差形成的气候差异
	地理资源	多样的地势地貌，包括平原、河谷、梯田、高山等；不同的土壤与水文资源
	森林资源	各类自然保护区；森林植被与小气候等
	乡村自然风光资源	多彩的田园风光与乡村山水资源

我国农村地域广阔，生态环境各具特色。如南方的气候是夏季高温多雨，冬季温和少雨；北方则冬夏温差大，四季气温变化分明。所以，在南方，夏季可以利用海拔高差形成的气候差异、森林植被资源和水资源等，开发以高山避暑为目的的农旅项目；而北方冬季的雪景、冰葡萄等，是农旅项目可利用的特色资源。

我国地势地貌多样，既有河谷、平原、盆地，又有高山陡坡，丰富的地形地貌，造就了多彩的农业景观。这些景观通过与农作物进行适当搭配或组合，可形成独具特色的休闲旅游资源，如云南的元阳梯田、内蒙古的大草原、西北的黄土高原等，同时，也造就了百村千貌的特点，形成了不同的田园景观。田园景观，是在农业发展与乡村形成过程中，打造的具有一定规模与审美价值的田野景观。农业生产过程中的农作物、林木、花草与饲养的动物等，构成了乡村宁静、清新的田园景观，使田园景观具有较高的休闲旅游价值。推进农旅融合发展，应因地制宜，充分利用农村生态环境资源，打造具有地方特色的农旅项目，把曾经沉寂的乡村资源，转化为生态文明时代可被重新定价的资产。同时，在农旅融合开发中，应提高认识，重视农村生态资源保护。农村生态资源之间是相互联系的，如果某一资源受到破坏，必然牵一发而动全身，其造成的损失必然超过这一资源本身的价值。如森林植被遭到破坏，必然会引起水土流失、生命群落和气候等变化，改变整个区域的生态环境。

二、农村生活资源

农村生活资源主要包括乡村村落、乡村民居和乡村生活方式（见表 3-5）。

表 3-5　主要农村生活资源

农村生活资源	乡村村落	已开发的传统村落，如宏村、袁家村、战旗村等，以及大量未保护开发的传统村落
	乡村民居	各地各具特色的乡村民居，如陕西的窑洞、福建的土楼、川渝的吊脚楼、北方的四合院等
	乡村生活方式	乡村的生产生活方式，如消费观念、娱乐方式等

乡村村落是村民的聚居地，是村民居住、生活、休息和进行各种社会活动的场所，也是村民进行生产的场所。村落是人类适应、利用自然的结果，是人类文明的结晶。村落的形成和发展与当地的自然地理环境紧密相关，村落的外部形态、组合类型无不受当地地理环境的影响。同时，村落又是重要的乡村文化景观，在很大程度上反映了当地区域乡村的经济发展水平、风土民俗和民族特色等。我国每一个村落的发展都具有各自的自然演化规律，自然条件与历史背景也各不相同。这些村落自成体系，形成了各具特色的建筑风格、村落布局、道路交通和水系网络，如我国比较知名的形同扬帆远航巨轮的西递村、形似水牛的宏村等。鲁西奇（2013）把我国的传统村落分为集聚型、散漫型（点状村落）和特殊型（表现为土楼、窑洞、帐篷等）。乡村传统村落的形态、

分布及建筑布局构成了乡村村落景观，这种景观反映村民们的居住方式，往往成为区别于其他村庄的显著标志。在我国的华北平原，可以看到一望无际的耕作区和轮廓比较整齐的村庄；在黄土高原，可以看到层层的梯田和在黄土坡上开凿出来的特殊住宅——窑洞；在江南水乡，可以看到一些乡村的住宅散布在稻田、竹林、果园或鱼塘之间；在西南丘陵山区，村落往往沿着山沟和河流分布，且多采用木头搭建房屋、修建栅栏。乡村村落，是乡村经济社会发展的最直观表现，但随着工业化和现代化发展，传统乡村村落正在发生新的改变，传统元素正逐渐被现代化建筑方式与建筑风格取代，使独有的乡村特色逐渐失去风味。近年来，传统村落价值逐渐被社会所认识，因此，传统村落得到了越来越多的关注与保护，为休闲农业与乡村旅游发展保留了宝贵的农村生活资源。

乡村民居，主要指传统乡村聚落中具有地方特色、蕴含文化内涵的村民居住的古老建筑。这些民居保留了当地多种传统元素，且建筑尺度适宜、错落有致，形成了很好的空间效果。这些建筑在选址上往往遵循古训和特殊信仰，表现出环境优选取向。而在材料选择上则多是就地取材，因地制宜发挥地域材料优势，力求形成独特的景观特色。如在材料的质感、色彩和图案的处理上，使技术、经济、艺术相结合；在房屋形式上，融入地域与民族文化特色，体现出村民对自然的尊崇与适应。我国典型的民居有：北方的四合院、青藏高原的碉房和帐篷、黄土高原的窑洞、福建客家的土楼、川渝地区具有川东民居特色的民屋和吊脚楼等。

乡村生活方式，是农村居民在长期自给自足的生产生活中，形成的生活态度与行为习惯，包括消费观念、娱乐方式、问题解决方式等。与城市的繁忙与喧嚣相比，乡村远离尘嚣，更贴近大自然，乡村生活方式也更加随性、自由与缓慢。村民日出而作，日落而息，春耕秋收，吃的是最新鲜的食材，看的是最自然的田园风光。这种自然的生活方式与快节奏的城市生活形成了巨大的反差。乡村生活同时还孕育出丰富多彩的乡土文化，很多地区至今还保留着原汁原味的习俗。与城市相比，乡村是熟人社会，村民之间有着紧密的血缘与地缘关系，因此，很多地方的村民纠纷与村庄内部问题，主要在宗族族长或村庄年长者的主持下解决。

随着城市化进程加速，城市规模的扩张与生活节奏的加快，使城市生活与工作压力逐渐增大。城市居民在节假日到乡村放松、体验乡村生活，成为一种时尚。乡村的“乡味”、传统民居的特色、生活方式的自然随性，均是农旅融合发展的宝贵财富。如何在保持乡土特色的基础上，把乡村生活资源转化为旅游资源，是农旅融合开发需要考虑的问题。目前，一些传统村落得到了较好的保护与开发，一些则被盲目与过度开发，还有一些日趋衰落，得不到有效保护，更遑论开发利用。推进农旅融合，应加大传统村落的保护力度，适度开发利用，这样才能保护乡土文化的根。乡村民居是被开发、利用得较好的资源，从早期的“农家乐”升级为现在的“洋家乐”“农庄”“民宿”等。在此基础上，乡村民居还可以结合其他资源，通过资源互补，延长农游产业链。乡村生活方式，虽是乡村旅游中的无形资源，但却是乡村旅游中最具有乡土气息的特色资源。许多乡村旅游项目之所以能避免同质化，取得成功，关键就在于对本土农村生活方式本质的保留与还原。

三、农村文化资源

农村文化资源，是我国传统文化的主要来源，是中华民族得以繁衍生息的精神寄托和智慧结晶，是区别于其他文明的唯一特征，是中华民族凝聚和进取的真正动因。农村文化资源包括村落、民居、器具等物质文化，以及语言表演艺术、传统仪式、节庆活动、传统手工艺等非物质文化。本研究中的农村文化资源，包括了语言文化、饮食文化、服饰文化、节气文化、宗族文化、婚丧嫁娶文化、表演艺术文化、手工艺文化等（见表 3-6）。

农村文化资源，是农旅融合开发中重要的财富。2018 年，中央一号文件提出“繁荣兴盛农村文化，焕发乡风文明新气象”，鼓励传承我国优良的农村文化，使农村文化凝聚着乡土之美、人文之美，并能在乡风文明建设中充分呈现。对农村文化资源，需要在保护中传承，在传承中保护——既要继承农村文化中的优良文化资源，保护好原生态乡土文化，又要满足现代生活需求，进行一定的创新，创造新生态乡土文化；既要传承乡土文化的“文脉”，又要有选择地沿袭传承作为乡土文化载体的“人脉”；既要传承乡土文化的物质表象（“形似”），又要注意传承乡土文化的精神内涵（“神似”）。同时，在农村文化资源的保护与传承中，特别不能忽视某些宗族文化因素的重要作用。在农旅融合开发中，对农村文化资源的开发利用，既要注意识别文化资源的优势，又要注重文化资源本身传递的精神内涵，切勿把农村文化中的糟粕作为噱头来吸引眼球，也切忌照搬照抄农村文化的外在形式。

表 3-6 农村文化资源

农村文化资源	语言文化	各具地方特色的语言，如闽南语、客家语等
	饮食文化	各地的特色菜系，如川菜、湘菜、粤菜等；各地的特产食材与做法，如云南的野生菌、东北地区的炖菜、沿海地区的海鲜等；各具特色的地方小吃等
	服饰文化	农耕文化发展中，服饰的变化，以及各地与各民族的特色服饰文化
	节庆文化	我国传统节日的由来、习俗，以及某些民族性和地方性节日文化，包括庆典仪式与祭祀活动等
	宗族文化	姓氏文化、家族族谱文化、宗族传承文化等
	婚丧嫁娶文化	各地嫁娶习俗、丧事习俗
	表演艺术文化	各地具有神话色彩的传说故事；具有乡土气息的传统绘画、音乐、舞蹈、戏剧、曲艺和杂技等表演艺术
	手工艺文化	烧造、铸锻、织染、编结、木作、雕塑等传统手工艺

第四节 农民资源

农民一般指长时期从事农业生产的人。该词最早出自《谷梁传·成公元年》，“古者有四民。有士民，有农民，有工民，有商民。即士农工商四民”。依据此标准，在那个时代，凡是从事农业生产的人员就是农民，不从事农业生产的人员就不是农民。目前，我国对农民的认定主要依据是户籍。1958 年 1 月，《中华人民共和国户口管理条例》正式实施以后，我国形成了“二元结构”的户籍管理体制——凡是具有城镇户口的居民（不管其从事何种职业）就是城市居民；具有农村户口的居民（不管其从事何种职业）就是农民。这是我国法律上确认农民的唯一标准。“农民”成为拥有“农村户口”者的代名词。尽管随着乡村振兴战略的深入推进，大量“城归”回乡，参与乡村建设与农业产业发展，但为了与国家认定标准保持一致，本研究对“农民”的界定仍然以户籍为判断标准。农民资源在农旅融合中是最活跃的资源，其具有乡村非遗传承人、农旅项目经营主体、劳动力资源、农旅项目消费者等多重身份。

一、乡村非遗文化传承人

在农民群众中，有大量乡村非遗文化传承人，他们继承与传递着我国历史悠久的乡土文明与技艺，包括地方语言、口头文学、民间绘画、表演艺术、手工技艺、民间知识等。正是这些宝贵的乡村非遗文化传承人，使我国大量乡村非遗文化得以代代传递和发展。可以说，乡村非遗文化传承人既是非物质文化遗产的活化石，又是非物质文化遗产的继承者与传递者。近年来，乡村年轻人大量流失，非遗文化的价值被忽视，且由于非遗文化难以实现价值转化，经济效益低，甚至无法获得经济效益，不少乡村的非遗文化传承出现断层，甚至出现后继无人的情况。农旅融合，为乡村非遗文化保护与传承提供了契机，同时，乡村非遗文化也为农旅融合增添了魅力。乡村非遗文化传承人是农旅融合中的“活化石”，应充分发挥自身的文化价值，使乡村非遗文化在农旅项目中实现价值的提升与转化，得以延续。

二、农旅经营主体

一部分有能力、有胆识的农民，逐渐成长为农旅项目经营主体。近年来，一方面，国家和地方政府出台了大量惠农政策，另一方面，农村内部大量人口流失，农业直接生产经营者比例大幅下降，这些都使农村土地流转更加灵活，为农业适度规模经营创造了条件。在双重因素推动下，一些农民利用自身优势，成长为农旅项目经营主体。他们从普通农业生产者，转化为农旅经营大户、农场主、合作社发起人和农业企业主等。他们有的开发农业适度规模经营项目，既为农旅融合发展打造田园景观，又为游客提供所需食物；有的开发旅游服务项目，经营农家乐、休闲农庄等，为游客提供食宿服务。与资本下乡经营的农旅项目相比，本土农户成长为农旅项目经营主体，成本更低，乡味更浓，与村民相处更加容易。具有一定规模的支柱产业、一定地理优势和特殊资源要素等的乡村，适宜鼓励和培育本土农民积极参与农旅项目经营，激活农村经济发展。

三、乡村劳动力资源

农民群众，是农旅融合项目中最重要的劳动力资源。农业与旅游业均是劳动密集型产业。由于我国农业机械化程度偏低，耕地地形多样，很多地方的农业生产都离不开人力；旅游业是服务型行业，特别是其中的餐饮业，对劳动力资源需求较大。因此，农民群众是乡村农旅产业发展最重要的劳动力保障，是农旅融合发展中最重要的资源要素。

四、农旅消费者

随着农村人口向城市流动，以及农村土地流转率提升，农村不少农民直接或间接退出农业生产。他们有的虽仍然居住在农村，但已经不再进行农业生产；有的进城务工经商，定居城市，虽仍拥有农村户籍，但实际上已脱离了农村。脱离了农村的农民，反过来成为农旅产业的消费者，一方面是食品消费，一方面是旅游消费。与城市居民相比，这部分农民与农村有天生的“亲缘关系”，对农业与农村有着更加深厚的感情，他们的“乡愁”也更加真切与直接。因此，他们更容易成为休闲农业与乡村旅游的消费者。

第四章　农业资源旅游开发的理论创新与实践

第一节　马斯洛需求层次理论

亚伯拉罕·马斯洛（Abraham Maslow）是美国著名社会心理学家。1943年，他在《人类动机理论》一书中首次提出了需求层次理论。马斯洛需求层次理论是人本主义科学的理论之一，其不仅是动机理论，同时也是一种人性论和价值论。马斯洛认为，人类具有一些先天需求，越是低层次的需求就越基本，越与动物相似；越是高层次的需求就越为人类所特有。同时，这些需求都是按照先后顺序出现的——当较低层次的需求被满足之后，才会出现较高层次的需求，这就是需求层次。马斯洛将人的需求从较低层次到较高层次排列，依次为生理需求（physiological needs）、安全需求（safety needs）、社交需求（social needs）、尊重（esteem）和自我实现（self-actualization）（见图4-1）。

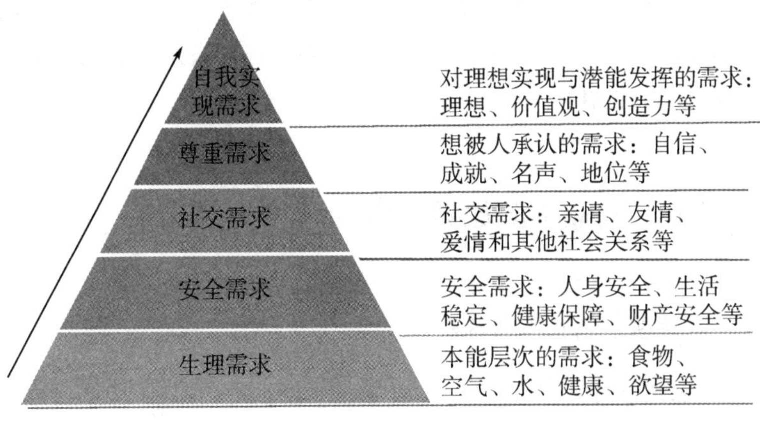

图4-1　马斯洛需求层次

第一层次：生理需求。这是级别最低、最具优势的需求，也是人类生存的基本需要，包括食物、水、空气、睡眠、健康等。如果这些需要得不到满足，人类的生理机能就无法正常运转，生命也会受到威胁。从这个意义上说，生理需求是推动人类行动的首要动力。马斯洛认为，只有这些最基本的需要被满足到能够维持生存的程度后，其他的需求才能成为新的激励因素。

第二层次：安全需求。安全需求同样属于低级别的需求，包括对人身安全、家庭安全、健康保障、财产安全、生活稳定等的需求。马斯洛认为，整个有机体是一个追求安全的机制，人的感受器官、效应器官、智能和其他能量是寻求安全的工具。他甚至认为，可以把科学和人生观都看成是满足安全需求的一部分。

第三层次：社交需求。社交需求属于较高层次的需求，是情感和归属的需求。情感上的需求比生理上的需求更细致，它和一个人的生理特性、经历、教育、宗教信仰都有关系。社交需求包括对友谊、爱情以及隶属关系的需求。

第四层次：尊重需求。尊重需求属于较高层次的需求，可分为内部尊重和外部尊重。内部尊重是指一个人希望在各种不同情境中有实力、能胜任、充满信心、能独立自主。内部尊重就是人的自尊，是对成就或自我价值的个人感觉。外部尊重是指一个人希望有地位、有威信，受到别人的尊重、信赖和高度评价。外部尊重是他人对自己的认可与尊重。马斯洛认为，尊重需求得到满足，能使人对自己充满信心，对社会充满热情，并体会到自身的价值。

第五层次：自我实现需求。自我实现需求是最高层次的需求。只有满足了前四个层次的需求，才能产生最高层次的需求。因此，自我实现需求是一种衍生性需求，指实现个人理想、抱负，发挥潜能、创造力等。马斯洛认为，为满足自我实现需求所采取的方式因人而异。自我实现是努力发挥自己的潜力，使自己成为自己所期望的样子。

第二节　农业资源旅游开发的理论创新

一、农旅融合需求市场分析

（一）客源市场分析

农旅融合市场的客户源主要来自“城市居民”，这里的“城市居民”，是指居住在城市的人群，包括城市的常住人口和流动人口。随着城市化进程的加速，城市规模扩大。有数据显示，到2019年，我国核心城区常住人口超过1 000万的超大城市达到9个，常住人口在500万~1 000万的特大城市近15个。城市人口数量增长，扩大了农旅融合市场的客户源规模，使乡村休闲旅游市场发展迅速。与景区旅游相比，乡村休闲旅游的客户源与供给市场（休闲旅游目的地）的距离更短。张桂华（2011）调查发现，湖南休闲农业市场中的客户源主要为省内消费者。进一步研究发现，在距离衰减作用的影响下，休闲农业市场的客源地在距离上具有明显的同心圆结构：92.6%的游客来自200千米以内的地区，5.2%的游客来自200~400千米地区，400千米以外的游客仅占2.2%左右。因此，在进行农旅融合客源市场分析时，可考虑客户源与目的地之间的距离，根据距离的远近，把客源市场分为一级市场、二级市场和三级市场（见图4-2）。一般来说，一级市场距离目的地最近，三级市场距离目的地最远。但划分市场的“距离”标准，应因地制宜，结合其他条件，灵活确定。如对于一级市场的划分，有的一级市场为距离目的地200千米以内的地区，有的为距离目的地100千米以内的地区，还有的为距离目的地50千米以内的地区。还可以以车程距离为标准划分，如车程2小时以内可达的区域为一级市场等。乡村休闲旅游市场一般以一级市场为重点客源市场，二、三级市场次之。

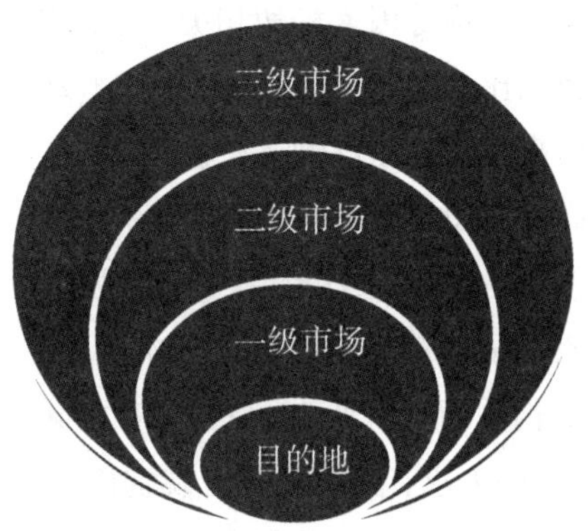

图4-2　农旅融合客源市场分级层次

（二）需求市场分析

伴随着市场规模的扩大与市场需求的变化，我国农旅融合发展也在不断发生改变。张桂华（2011）从年龄、职业、文化程度、收入水平等方面，分析了乡村休闲旅游消费者的消费动机。从年龄上看，不同年龄消费者的消费动机差异十分明显，青少年以体验学习的消费动机为主，26~45岁的中青年以社会交往的消费动机为主，55岁以上老人的消费动机则集中在观光旅游和康体健身上。从职业上看，不同职业的消费者都有一个共同的特征，即以体验学习的消费动机为主，但公务员、企业员工也表现出具有较强的社会交往动机。从文化程度上看，文化程度越高的消费者，休闲度假、观光旅游和体验学习的消费动机越强，文化程度越低的消费者（学生除外），餐饮购物的消费动机越明显。而从收入水平上看，中低收入者有较强的社会交往和体验学习动机，高收入者的消费动机则集中在休闲度假和体验学习上。蒋颖和聂华（2014）从新鲜农产品购买、传统手工艺品购买、体验采摘、放松心情、观赏风景、感受农村生活、子女科普教育、健身、增进家人感情、朋友聚会、工作与业务需要等十余个方面，分析休闲农业市场客源行为动机，认为消费者行为动机与消费者性别、年龄、学历、职业、收入水平、家庭结构等密切相关。但从整体来看，放松心情和观赏风景为休闲农业消费者最主要的消费动机。

2019年，本项目对休闲农业与乡村旅游游客需求进行调研发现，消费者需求（旅游动机）包括寻找新鲜健康食材、观赏田园风光、体验采摘、亲友聚会玩耍、亲近自然、放松心情、寻味“乡愁”、子女科普教育、亲子活动、健康养生、体验农耕文化等方面。且消费者的消费动机与消费者年龄结构、收入水平、职业条件和家庭结构等因素密切相关，不同消费者的需求各不相同。与前几年的消费者动机相比，近年来，消费者的消费动机不仅有所增加，且层次分化加快，特别是中高收入群体对休闲农业与乡村旅游精神层面和文明层面的需求增加，层次提高。正如马斯洛需求层次理论一样，消费者对休闲农业与乡村旅游的市场需求，亦是逐渐从较低层次到较高层次发展的。

休闲农业与乡村旅游早期消费者的需求层次较低，主要侧重于“生理需求”，即消费者视觉（看）、听觉（听）、嗅觉（呼吸）、味觉（饮食）和触觉（体验）的需求。对视觉的需求，满足消费者观赏田园景观的需要；对听觉的需求，满足消费者亲近自然，听取乡村蛙鸣、虫鸣、鸟鸣等大自然声音的需要；对嗅觉的需求，满足消费者呼吸清新空气的需要；对味觉的需求，满足消费者品尝新鲜、安全的乡土美食的需要；对触觉的需求，满足消费者体验农业生产过程，参与果蔬采摘、耕地插秧等劳动体验的需要。随着消费升级，休闲农业与乡村旅游消费者逐渐出现层次分化，大量消费者的消费需求逐渐向较高层次发展，消费者更加注重休闲农业与乡村旅游的品质与内涵。因此，休闲农业与乡村旅游的项目打造，更加注重使消费者释放城市生活压力，放松心情，休闲康养。如创造良好的社交空间，为消费者提供亲子旅游、朋友同事聚会、恋人约会玩耍等的场所；或开展满足消费者科普与体验传统农耕文化需求的活动，使他们感受“乡愁”“乡情”等。

二、农业资源旅游开发层次理论

基于马斯洛需求层次理论，结合农旅融合消费者市场需求分析，本研究提出农业资源旅游开发层次理论。农业资源旅游开发层次理论认为，农业资源旅游，特别是农业生物资源旅游，应根据资源特色、项目规模、客源市场等因素进行层次化开发。农业资源旅游开发层次理论把农业资源旅游开发，从较低层次到较高层次，依次分为视觉开发、体验开发、产品开发、康养开发与文化开发（见图 4-3）。

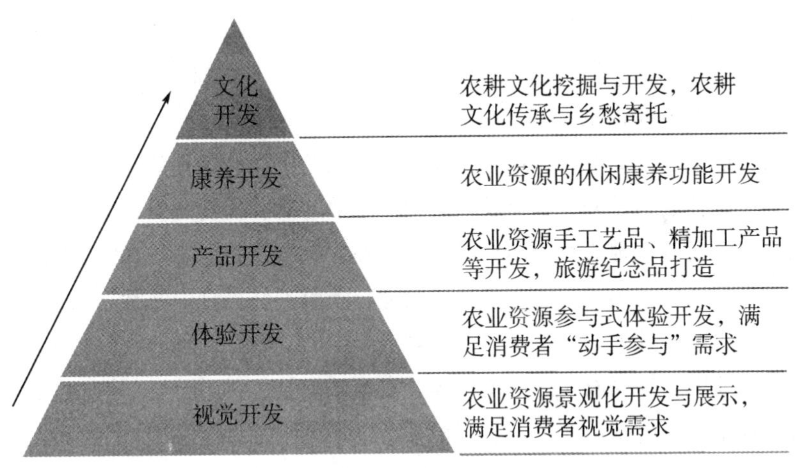

图 4-3　农业资源旅游开发层次

第一层次：视觉开发。视觉开发主要满足消费者的视觉需求，使农业资源“成景、可看、耐看”。视觉开发属于休闲旅游开发中级别较低的开发，一般通过农业资源的景观设计与美化，使常规农业资源更具观赏性。国内早期的“观光农业”比较重视对农业景观的打造，如“花海”经济曾经风靡一时。在农旅融合发展中，可进行视觉化开发的农业资源丰富。以农业生物资源为例，水稻、小麦、玉米、油菜等大田作物，一般通过品种搭配和图案设计，形成田园画，如稻田画、彩色油菜图案等。还可以利用秸秆等制作田间稻草人、卡通动物等，美化和增添田园景观，提高农业资源的观赏性，从而吸引游客。

第二层次：体验开发。体验开发主要满足消费者对体验的需求，从而提高农业休闲旅游项目的参与性、互动性。体验开发同样属于低级别的开发。与“看”相比，消费者直接参与体验农业生产劳动过程，能够增加其在旅游目的地的游玩时间，拉动旅游目的地农产品消费、餐饮消费、住宿消费等。张桂华（2011）研究发现，在选择休闲农业消费模式时，40.7%的消费者选择的是参与体验，28.6%的消费者选择的是民俗节庆，选择休闲度假和旅游观光消费模式的消费者分别占20.3%和10.4%，可见，消费者已不再满足于走马观花式的农业观光游，而非常注重参与农事活动，体验农耕文化以及乡风民俗、村寨气息等。农业资源的体验开发，一般注重开发种植、养殖业生产环节的劳动过程参与和体验、生产工具的制作和操作过程体验、农业技术的实践体验活动等。如基于桃园进行的休闲旅游开发，除了可以在阳春三月让游客来赏花踏青，感受陶渊明曾描绘的“世外桃源”，还可举办“桃花节”“采摘节”等，增加一些能增进感情、促进沟通的户外互动活动和体验活动。游客还可亲手种植或“认领”桃树，成为桃树的“主人”，并以“主人”的身份，长期关注“自家果树”的成长和果园的发展，从而成为果园的长期客户。

第三层次：产品开发。产品开发是基于农业资源的美食开发、精加工产品开发、手工艺品开发等，属于较高层次的旅游开发。美食开发，应立足本土农业资源，开发体现地方特色的佳肴。美食在农旅项目中具有较大的影响力，一道口碑良好的特色美食，能产生品牌效应，吸引爱好美食的游客。精加工产品开发和手工艺品开发，目的是打造游客可带走的、具有乡味的旅游纪念品，延伸农旅产业链，提高农产品产值，提升农旅综合效益。旅游纪念品，是游客在旅游过程中购买的精巧便携、富有地域特色和民族特色的工艺礼品。农旅融合中的旅游纪念品开发，应就地取材，以农业资源为素材，开发可展现旅游目的地田园风光、特色农业、乡土文化等的，“可食、可用、可赏”的纪念品，使旅游纪念品成为旅游目的地的名片。如经过精深加工的食品和日用品等；以作物秸秆、树皮、竹、柳条、木材、动物皮毛等材料编制的手工艺品；具有地方民族特色的服饰、绣品等；以各色粮食制作的粮食风景画和当地地图等。

第四层次：康养开发。依托农业资源开展的康养开发，属于较高层次的需求开发。康养开发不局限于农业资源“物质”本身，更多的是依托农业资源营造外部环境，打造消费者娱乐放松、休闲养生、健康养老之地。康养开发主要针对高端市场需求，对环境的舒适性与配套设施要求较高。康养开发项目依托农业资源与农村环境，但不一定靠近村庄，它以自由职业者、社会精英、离退休人员等为重点目标客户群。与前三层次的开发不同，康养开发不以周末和节假日游为主要市场，而一般为消费者提供更长期和稳定的休闲康养服务。如为离退休人员打造夏季避暑、冬季疗养的康养项目，或为其提供长短期租住服务，满足消费者“乡居”需求。

第五层次：文化开发。文化开发特指农耕文化的开发，属于高层次的需求开发，旨在通过开发农业资源的文化属性，运用文化的力量，提升农旅产业项目的内在气质。在传统农业发展过程中形成的丰富的农耕文化资源，是反映农业发展、社会发展与经济发展的“文化遗产”，承载着文化传承与乡愁寄托的功能。农业资源的文化开发，一方面是物品、图片、文字等的展览展示，以及传统文化的场景再现、表演、体验等，另一方面，需要经过长期的文化熏陶与传承，在农业生产经营中自然流露，展现出对大自然的尊重。好的农业资源文化项目，是农旅项目的无形品牌，具有较强的品牌效应，能培养消费者的忠诚度，形成稳定的客户群。

农业资源旅游开发层次理论，基于马斯洛需求层次，把农业资源旅游开发分为五个层次。但需要说明的是，农业资源旅游开发的五个层次之间，并非界限分明，即农业资源旅游开发，并不一定遵循由低到高的层次规律，而普遍存在跳层、混层开发现象。有的农旅项目主要开发第一层次和第三层次，如早期的花海经济，主要为游客提供赏花、制作和产品选购服务；有的农旅项目开发了前三个层次，如有的果园，集赏花、采摘体验和购买果酱、果酒、果木雕刻等于一体；有的农旅项目，则混合开发二、三、五层次，如在产品开发中融入体验开发，在体验中增加文化传播等，使游客可直接参与。

第三节　水稻资源的旅游开发实践

一、我国水稻的起源与发展

水稻是三大粮食作物（水稻、小麦、玉米）之一，据联合国粮食及农业组织统计，世界上大约有50%的人口以稻米为主食。我国是世界上最早种植水稻的国家，后来水稻向西传播到西亚和欧洲。《史记》中记载，大禹时期，我国曾广泛种植水稻，大禹“令益予众庶稻，可种卑湿。命后稷予众庶难得之食。食少，调有余相给，以均诸侯”。意思是大禹命令伯益给大家分发水稻种子，种在水田里，还命令后稷给大家分发食物。有的地方食物短缺，他就从其他地方调配粮食去弥补。1993 年，中美联合考古队在湖南道县玉蟾岩发现了世界最早的古栽培稻，距今约 1.4 万～1.8 万年。截至目前，我国考古发现的距今 1 万年左右的水稻遗址共有 6 处，这些遗址主要分布于我国长江中下游地区、华南地区，这些遗址的存在将我国原始农业文明上溯到 1 万年前。

水稻的发展历史与文化，与我国经济社会发展紧密相关。在我国古代，粟、麦、稻是三大主要粮食作物，但这三大粮食作物的地位因时代和经济社会发展而异。从我国有关水稻的文字记载、流传的农谚，以及耕织图等文物中可以发现，我国不同时期粮食作物的地位是不断变化的。从新石器时代晚期到西周时期，粟（及黍）居粮食作物之首，麦次之，稻位居第三；到秦汉以后，麦的地位上升，接近粟，稻仍排在第三位；从三国到南北朝时期，随着南方经济发展加快，稻的比重上升，其地位可以与粟、麦比肩；唐宋以后，稻便取代粟、麦，跃居我国粮食作物之首，麦次之，粟又次之（游修龄，1998）。发展至今，我国已经成为世界上最大的水稻生产国和最大的稻米消费国，我国水稻发展对世界谷物增产和粮食安全具有突出贡献（虞国平，2009；杨万江，2009）。水稻在我国粮食生产和消费中处于主导地位，是我国播种面积最大、总产量最多、单产量最高的粮食品种，种植面积在 4.5 亿亩左右，是全国 65% 左右人口的主食。

二、我国水稻的分布

我国原始稻作区域主要分布在长江流域、珠江流域、淮河流域等主要水源地区（刘芝凤，2014），但近代以来，随着经济社会发展与农业科技进步，我国水稻栽培区域逐渐扩大。中国水稻研究所根据种植水稻的自然生态条件和社会、经济、技术条件等，将中国稻区划分为 6 个稻作区（梅方权 等，1988）。

一是华南双季稻稻作区。该区位于南岭以南，我国最南部，包括闽、粤、桂、滇的南部，以及台湾地区、海南省和南海诸岛全部。该区因水热资源最为丰富，稻田种植制度是以双季稻为主的一年多熟制，并实行稻—甘蔗（花生、薯类、豆类、烟叶等夏秋季旱作物）一年两熟制。部分热带气候特征明显的地方，实行稻—稻—甘薯（大豆）一年三熟制。

二是华中双单季稻稻作区。该区东起东海之滨，西至成都平原西缘，南接南岭，北毗秦岭、淮河，包括苏、沪、浙、皖、赣. 湘、鄂、川8个省、市的全部或大部分地区，以及陕、豫两省的南部。该区是我国最大的稻作区。长江以南的水稻多为一年三熟或两熟制，以绿肥—稻—稻或大麦—稻—稻为主；长江以北的水稻多为一年两熟或两年五熟制，以麦—稻或油菜—稻为主。

三是西南高原单双季稻稻作区。该区地处云贵高原、青藏高原和黔东湘西高原，包括湘、黔、滇、川、藏、贵、青7个省、自治区的部分或大部分。该稻作区地貌、地形复杂，立体型农业特点非常显著。稻种资源丰富，有一定陆稻种植面积，稻田种植制度以单季稻为主，冬季休闲。

四是华北单季稻稻作区。该区位于秦岭、淮河以北，长城以南，关中平原以东，包括京、津、冀、鲁、豫、晋、陕、苏、皖9省、市的全部和部分地区。该区水稻多为一年一熟，部分地区一年两熟，主要以麦—稻、油菜—稻为主。

五是东北早熟单季稻稻作区。该区位于辽东半岛和长城以北，大兴安岭以东，及内蒙古东北部，包括黑龙江省、吉林省全部，辽宁省大部，内蒙古自治区的大兴安岭地区和通辽市中部的西辽河灌区。该区是我国重要的商品粮基地，是有名的东北大米产区，水稻一般一年一熟。

六是西北干燥区单季稻稻作区。该区位于大兴安岭以西，长城、祁连山与青藏高原以北，包括新、宁的全部，甘、内蒙古、晋的大部，青、陕、冀、辽的部分地区。该区种植水稻一年一熟，冬季休闲，翌年再种水稻或旱作（玉米、豆类、蔬菜等）。

广泛分布的水稻资源，为我国水稻产业的旅游开发创造了良好的条件。近年来，全国各地发挥地方水稻资源优势，创新业态，推进农旅融合，使传统粮食作物在产业融合中发挥更多功能，产生更高效益。

三、水稻资源的旅游开发层次分析

水稻在早期休闲旅游开发中被利用较少。随着休闲农业与乡村旅游的进一步发展，水稻资源开始被开发利用。但从整体来看，我国水稻资源的开发深度不够，开发层次偏低。根据农业资源旅游开发层次理论，水稻资源的旅游开发的五个层次如下。

第一层次：视觉开发，即水稻资源的景观化开发。包括利用地理条件和田间结构微设计，优化水稻田园自然风光，形成水稻梯田景观、平原稻田景观，以及各种形状稻田景观，如圆形稻田、心形稻田等；通过水稻品种创新培育，增加水稻的可观赏性，如培育彩色水稻、高秆水稻等；通过不同品种搭配与设计，制作田间稻田画；利用稻草编制田间玩偶，如制作稻草人、稻草屋等，将其放置在田间地头，增加稻田观赏性和趣味性。国内目前很多地方的水稻资源旅游开发，主要集中在这一层次。

第二层次：体验开发，即水稻资源的参与体验项目开发。可在稻田耕地、水稻播种、插秧苗、稻谷收割等生产环节，融入游客可参与体验的活动项目——在稻田整理环节，让游客参与并体验传统牛耕，如贵州某村庄每年插秧前固定开展地方性牛耕活动，吸引大量游客参观体验；在插秧环节，开展插秧体验、插秧比赛等活动；在稻谷收获环节，开发割稻谷和脱粒体验项目等；亦可利用田间稻田设计迷宫，增加游客田间游玩的趣味性；或将水稻与其他养殖业搭配，开发稻—鳅、稻—鱼、稻—虾、稻—蟹等种养结合模式，增加游客在稻田“捉鱼摸虾”的体验等；还可在稻田上开设餐厅，使游客可以同时体验美食与美景等。这些体验活动项目，迎合了近年来亲子活动、劳动体验、科普教育等消费需求，受到消费者的欢迎。

第三层次：产品开发，即通过对水稻资源的手工艺品开发、水稻产品精深加工，打造与水稻资源相关的旅游纪念品。水稻手工艺品，包括用稻穗制作干花，用稻草编制草帽、草鞋、草席、玩具和日用品等，用稻谷制作稻谷画，用稻米雕刻等。水稻的精深加工产品，包括有机大米、胚芽米、年糕、米酒、米花糖、米糕等大米制作的各种食品，以及依托大米开发的护肤品等日用品。对于消费者而言，这些产品的原材料来自他们亲眼所见的稻田，能使消费者感到亲切与可信赖，消费者愿意将这些产品作为伴手礼带回家；对于农旅经营者而言，水稻资源的旅游产品开发，提升了农产品价值，增加了旅游消费空间，延长了农旅产业链，能获得更好的经济效益和更好的品牌效应。

第四层次：康养开发，即水稻资源的休闲康养项目开发。稻田具有良好的生态价值和观赏价值，因此，康养开发主要依托稻田景观、乡村自然气候资源和其他农业资源，打造休闲康养基地。休闲康养与旅游观光不同，消费者在休闲康养地的消费时间更长，对康养项目的生态环境、食品健康、居住条件等要求更高。有些康养项目以离退休人员为重点消费对象，这使康养项目兼具养老功能。水稻资源的休闲康养项目开发，应与水稻资源的景观开发与环境优化相结合，要优化和改良稻田及周边土壤，有机生产，提高项目区稻米品质，为康养消费者提供健康、安全、新鲜的产品。同时，还可开展稻田租种、代劳、代管等服务，使消费者有机会拥有自己的小块稻田，享受自给自足的田园生活乐趣，并在消费者力所不及时，有专业人员进行替代管理。

第五层次：文化开发，即稻文化的挖掘与开发。这个层次的开发使水稻资源开发从外在向内在转移，开发层次有所升华。稻文化开发既是文化资源的价值提升与实现，又有利于文化资源的保护与传承。我国水稻栽培历史悠久，稻文化资源丰富，因此对稻文化的开发包括以下几点：对我国与世界水稻种植历史进行挖掘与整理，再通过图片、文字、视频等方式展示；对水稻生产过程中的民俗习惯进行介绍与再现；对不同时期水稻生产加工等工具进行收藏与展示；对传统水稻耕作文化进行展示并提供体验项目；宣传与稻文化相关的文学作品等。如云南某村庄，每年插秧时会举办当地传统的“开秧门”祈福活动；在火把节时，有稻田祭祀活动，收获时有“尝新米”活动等。这些传统习俗，是过去文化与生产力水平较低时，普通农民群众对大自然给予馈赠的祈福与感恩。在农旅项目开发中再现传统习俗，一方面能够增加节庆气氛吸引游客，另一方面也传达了珍惜粮食的理念。

第五章　乡村振兴背景下乡村价值发现与村庄活化

第一节　乡村认知与乡村发展

一、乡村的概念

乡村，一般是指居民以农业为经济活动基本内容而形成的各种形式的居住场所（村落或乡村聚落）。《辞源》中，乡村被解释为主要从事农业、人口分布较城镇分散的地方。以美国学者 R. D. 罗德菲尔德为代表的部分外国学者认为，乡村是人口稀少、比较隔绝、以农业生产为主要经济基础、人们生活基本相似，而与社会其他部分，特别是城市有所不同的地方（王露璐，2008）。在国内不少文献中，乡村亦与农村概念等同，是指以从事农业生产为主的劳动者聚居的地方。

关于乡村的概念、类型、结构、变迁等，国内外学者进行了大量研究。在国外，早在 1841 年，德国地理学家科尔（Kohl）出版的《交通殖民地与地形之关系》一书，就对农村和城市的村庄、集镇等类型的聚居地进行了比较研究（郭晓冬，2007）。20 世纪 30 年代末，法国地理学家阿·德芒戎（Albert Demangeon）发表《乡村聚落的类型》一文，依据村落与自然、社会、人口、农业之间的不同关系，对村落类型进行分类。国外学者对于中国乡村社会也有诸多研究。如美国学者施坚雅（G. William Skinner）在他的著作《中国农村的市场和社会结构》一书中，认为中国传统乡村社会的结构应该是一个基层市场共同体结构。英国学者莫里斯·弗里德曼（Maurice Freedman）在其著作《中国东南的宗族组织》里，却认为是宗族把乡村居民整合在了一起，人们的日常生活围绕宗族而展开，因而宗族共同体结构才是中国传统乡村社会的基本结构单元。印裔汉学家杜赞奇（Prasenjit Duara）的《文化、权力与国家：1900—1942 年的华北农村》一书，也涉及中国传统乡村社会结构基础的讨论。他认为中国传统乡村社会的结构是一个文化网络；但他同时认为，将乡村或概括为具有紧密关系的乡村共同体，或概括为具有多种重要活动功能的实体这种区分十分重要。因为进入 20 世纪之后，村庄越来越成为下层社会合作的中心，以经济利益出发，属于哪个村庄具有十分重要的意义。

在国内，对于乡村的研究与农业和农民紧密相关。我国是农业大国，作为农业载体的村庄，长期聚居、繁衍、生存、发展在自我空间之中，它以空间单元和社会单元的身份参与到中国的整个历史进程之中。我国传统史学对于乡村的研究甚少，20 世纪 80 年代国内才开始兴起对于村庄的研究，但主要以地理学、历史学及社会学研究最为突出。金其铭 1988 年出版的《农村聚落地理》是我国第一本描写农村聚落地理的著作；陈桥驿（1980）《历史时期绍兴地区聚落的形成与发展》和尹钧科（1993）《北京郊区村落的分布特点及其成因的初步研究》主要侧重人文地理学方面。历史学对于村落的研究一般与其他学科相互交叉。侯仁之（1979）《历史地理学的理论与实践》一书结合了地理学与历史学，对历史聚落地理进行了理论的探索。陆学艺（1992）主编的《改革中的农村与农民》对大寨、刘庄、华西等 13 个村庄的实证研究，阐释了传统农业转变下农村与农民的变化。从社会学视角来看，对村庄研究最具代表性的是费孝通先生，他 2001 年出版的《江村经济》，探讨了吴江县开弦弓村（今属苏州市吴江区七都镇）地理环境对该地经济体系的影响，同时也分析了导致乡村社会经济变迁的原因。黄宗智（2000）在其著作《华北的小农经济与社会变迁》中，则将华北农村的结构视为村庄共同体结构。他认为，从小农家庭在一定程度上是市场生产单位的角度来看，与其说村庄是一个紧密内聚的整体，不如说是一个由个别农户组合的街坊。村庄不仅划分居住的界限，而且也在某种程度上划出生产与消费的界限。工作和居住的纽带关系，又常和宗族关系交织在一起而相互强化。从这一角度看，村庄是一个闭塞的，或许也是紧密的共同体。

二、乡村的发展历程

（一）乡村的发展历程

乡村经历了形成、发展、衰落、复兴几个阶段。乡村是伴随着人类文明进步而发展形成的。在原始社会早期，人类居无定所，以采集、渔猎为生，逐水草、居巢穴。随着生产工具的改进，人类掌握了更多生产技能，并开始以血缘关系形成氏族聚居部落。奴隶社会初期，随着阶级分化，一些村落逐渐开始具有一定的政治与经济功能，乡村逐渐形成。工业革命前，是乡村发展的关键时期。这一时期，世界各国城乡界限模糊，乡村随着农业生产水平大幅提升，进入快速发展阶段。随着19世纪工业革命的到来，全球生产力蓬勃发展，工业从农业中分离出来，成为新兴产业，城乡界限产生，城乡逐渐分离，并在一定程度上成为竞争与对立关系。马克思认为，城乡分离就是物质劳动和精神劳动最大的一次分工。随着城乡分离、城乡对立而来的，是城市利用技术、资本等生产资料和劳动力优势，不断汲取农村资源，使城市化加速，城乡差距逐渐加大，同时也加速了乡村衰落。随着工业化、现代化发展，城乡之间的分离、对立将逐渐消失，乡村复兴，社会最终形成城乡一体化共同发展的局面。马克思在分析社会发展规律的基础上也指出，城乡的对立和分离只存在于社会发展的一定阶段，此种状态不会永久存在，只是暂时的，随着人类文明的发展，城乡之间的分离、对立将消失，城乡融合才是社会发展的最高境界。

（二）乡村衰落是现代化发展的必经阶段

乡村衰落是现代化发展的必经阶段，这是一个世界性问题。国外一些国家也同样经历过或正在面临乡村衰落问题。牛山敬二（2012）研究了20世纪50年代至70年代日本的乡村衰落现象。这一时期，日本经济高度增长，在部分劳动力被工商业迅速吸收后，农村出现了兼业化、混住化、农村人口老龄化的现象，导致了村庄衰败。石田宽（1989）研究了第二次世界大战后，日本城市的快速发展及工业规模的不断扩大对乡村地区的影响。他认为，第二次世界大战后，日本经济高速发展，吸纳了大量的农村劳动力，使得乡村地区的人口减少，加之日本大部分地区是山地，基础设施建设的难度较大，无法满足人们对高质量生活的追求愿望，乡村因此产凋敝。

在发展中国家，工业化和城镇化发展同样导致一系列社会问题。如印度自1947年独立之后，随着以农业技术改革为中心的“绿色革命”的兴起，逐步解决了粮食短缺的问题，且还有余力进行部分粮食出口生意。但开始于20世纪90年代的经济自由化改革，使印度当局对农村地区和农业的投入资金严重不足，印度的农业出现衰退，村庄衰落，农村经济濒临破产。

为破解乡村衰落问题，世界各国先后出台了一系列应对政策，复兴乡村经济。美国于20世纪60年代通过了“新城镇开发法”，后又于80年代制订了建设“都市化的村庄”的计划。同时，为防止城镇化对乡村原有景观的破坏，1984年，美国在马萨诸塞州成立“乡村中心”，专门研究农村面临的特殊问题。德国在20世纪60年代的土地规划中，认为城市和近郊地区是主体，农村地区处于陪衬地位，因此并未深入研究乡村地区的发展问题。这种非均衡的城乡发展策略促使德国政府开始反思，并于20世纪60年代末在全国推行村庄更新计划，以挽救日益衰落的乡村。法国政府为振兴农村，修建了许多深入农村和落后地区的公路和铁路，还在国家预算中设立了“农村发展整治基金”，专门用于对衰落农村地区进行整顿和改造。日本从20世纪60年代开始了城镇化和工业化进程，农村地区人口外流情况严重。为此，当时的日本政府制订了农村整备计划，先后出台了《町村合并法》《过疏法》等一系列政策法规，目的是以此控制城镇的盲目发展，引导工业合理分布，促进农村的开发（陈东湘，2009）。

（三）我国的乡村衰落与乡村振兴

我国在城市化发展中同样无法避免乡村衰落问题。特别是进入21世纪以后，我国城市化发展加速，吸引大量农村资源向城市转移，随着农村人口大量流失，一些乡村慢慢变得人烟稀少，一些自然村甚至因此消亡。国内一些学者对我国乡村衰落的表现与影响进行了研究。刘彦随等（2009）认为，农村劳动力大量迁移、农村就业岗位大幅减少、土地利用粗放、留守儿童多、人口老龄化加剧、农村小学巨减、老人自杀率高是乡村衰落的主要表现。李国珍和张应良（2013）以重庆市彭水县某村为例，提出常住人口减少，房屋空置，留守村庄的村民多以老弱为主，田土撂荒现象严重，村民获得饮用水较为困难，交通、医疗、文体、商业配套设施不完善，人居环境质量恶化是乡村衰落的具体表现。江涛（2007）研究江西省某村衰落表现为：种植类型单一、乡村医疗水平低、基础教育严重匮乏、传统宗族仪式削弱、土地增值空间狭小。

我国历来重视“三农”问题，面对现代化进程中出现的乡村衰落问题，出台了大量惠农助农政策，以助推农业农村发展，复兴乡村经济。这些政策在一定程度上遏制了我国乡村衰落的速度与程度。党的十九大召开以来，我国推进乡村复兴政策更加全面有力，乡村振兴战略成为新时代乡村复兴发展的“总纲”。乡村振兴战略提出：按照产业兴旺、生态宜居、乡风文明、治理有效、生活富裕的总要求，统筹推进农村经济建设、政治建设、文化建设、社会建设、生态文明建设和党的建设，让农业成为有奔头的产业，让农民成为有吸引力的职业，让农村成为安居乐业的美丽家园。实施乡村振兴战略，是解决新时代我国社会主要矛盾、实现“两个一百年”奋斗目标和中华民族伟大复兴的中国梦的必然要求，是破解我国乡村衰落问题的重要政策部署，是实现全体人民共同富裕的重要举措。乡村振兴战略的实施，标志着我国进入乡村复兴、城乡融合发展新阶段。

第二节　乡村振兴背景下的乡村价值发现

一、乡村价值认知

乡村价值一般是指乡村对于人类生产生活所具有的内在价值。目前，关于乡村价值尚无统一的概念。朱霞等（2015）认为，乡村价值包括内在和外在价值。其内在价值是乡村本身所固有或产生出来的价值，如乡村本身所具有的本底禀赋、地物资源、自然环境、地理区位等；外在价值是乡村具有的积极作用及其表现出来的有用性，主要是满足该地域范围内外人们的生活生产需求。乡村价值是一个动态、开放的概念，与一个国家的发展阶段、资源禀赋和文化背景等紧密相关。

早期社会对乡村价值的认知，主要偏向乡村承担的农业功能。第二次世界大战后，欧洲国家把农业政策放在核心地位，社会对乡村价值的认知也被简单地限定在粮食生产上。20 世纪 80 年代中期以来，欧洲国家对乡村认知逐渐与农业分离（Cloke et al., 1997），对乡村的需求从农业生产转向乡村消费（Lowe et al., 1993），开始强调消费休闲导向下的乡村农业发展。进入 21 世纪，在多功能农业的基础上，Holmes（2006）提出了多功能乡村转型理论，他指出社会发展过程中，人类对乡村地域生产、消费和生态等多元功能的需求变化驱动乡村不断演变。多功能乡村重视农业和乡村参与者的地方性嵌入，农业与乡村关系的本质、程度以及持久性等。

新中国成立以来，为推进工业化发展，逐步形成了农业支持工业、乡村支持城市、城乡分割的二元体制（申明锐，2011）。在此背景下，社会对乡村价值的认识相对单一，乡村价值被简化为“支持与服务工业和城市发展”。1980 年后，随着乡镇企业的兴起，以工业化改造乡村的乡村工业化思潮产生。20 世纪 90 年代中后期，乡村工业化逐渐走向衰落。随后，“农业产业化”提出，同样是把工业化经营管理理念嵌入农业产业与乡村发展。这一时期，不管是乡村工业化还是农业产业化，其本质仍然是工业化发展理念向农业农村的延伸。对农业与乡村价值的认知，仍然主要基于工业化和城市化视角，乡村的价值并未得到全面认识。进入21世纪，“城乡统筹”“城乡融合”“城乡一体化”等概念的提出，标志着我国对乡村价值的认知进入新阶段。

党的十八大以来，以习近平同志为核心的党中央，高度重视乡村的价值。国内不少学者对乡村价值和农业价值的认知和分析逐渐深入。郑涛（2014）指出，我国乡村价值实现了从封建社会时期作为社会资源提供者、农民生存保护者的基本价值，到新中国成立后至改革开放前，为国家工业化发展战略提供支持的特殊价值，再到城镇化进程加速期，兼具社会、文化、生态及经济等综合价值的演变。朱启臻（2014，2019）和毛安然（2019）等认为，我国农业和乡村具有经济价值、生态价值、生活价值和文化价值等。中共中央、国务院印发的《乡村振兴战略规划（2018—2022年）》也明确指出，乡村是具有自然、社会、经济特征的地域综合体，兼具生产、生活、生态、文化等多重功能。还有的学者从其他视角分析我国乡村价值。朱霞等（2015）认为，从人类情感塑造角度看，乡村寄托着人类最初的情感，是子孙后代的精神家园；从经济社会存续视角看，乡村价值主要是社会生存资源的供给者。申明锐等（2015）把乡村价值归纳为乡村的农业价值、乡村的腹地价值和乡村的家园价值三个层面。乡村振兴，必须要真正认识我国乡村价值的核心与本质，认识我国乡村的多元价值，并使我国乡村多元化的价值得到充分发挥，这样才能真正实现乡村价值的回归与乡村的振兴发展。

二、乡村振兴背景下乡村价值发现

近年来，国际形势复杂多变，国际贸易摩擦频发，特别是中美贸易摩擦增加，使我国对外贸易形势更加严峻。2020年初新冠肺炎疫情的发生，也在一定程度上改变了经济全球化发展格局。在新的国际形势下，推进乡村振兴战略，应充分挖掘我国乡村在经济社会发展进程中的重要作用，改变传统认知中把乡村与落后、低价值挂钩的偏见，从而发现新时代乡村具有的生产、生存、生活、生态、文化、社会稳定和情感寄托等多重价值。正确认识乡村价值，并依托各地乡村资源禀赋，因地制宜，激活乡村资源要素，激发乡村经济社会活力，是推进乡村振兴的关键。

（一）生产价值

生产价值是乡村价值的核心，是乡村振兴、产业兴旺发展的基础。乡村是伴随着传统农业发展而逐渐聚集形成的农业生产空间和农民生活空间，它与农业和农民密不可分。乡村的生产价值主要体现在两方面：一是农业生产，二是手工业生产。

农业生产是乡村价值的主要内容。纵观人类历史，乡村的主要功能就是承担农业生产任务，为人类生存提供粮食、果蔬、肉类等食物，以及木材、棉花、橡胶等工业原料。长期以来，我国以占世界7%的耕地养活了占世界22%的人口，乡村和与乡村血脉相关的农业和农民，在确保国家粮食安全、保障人民生命健康方面做出了卓越的贡献。近年来，城镇化建设用地增加、农村衰落造成的土地撂荒，以及耕地非农化和非粮化等现象，影响着我国农业生产。但农业科技的创新发展，特别是良种创新、规模经营与机械化，使我国农业生产单产水平显著提升，加之全球化带来的国际贸易加速，为我国粮食进口创造了良好的外部条件，使我国粮食市场供给多年未再出现危机。然而，这也使很多人对粮食安全问题放松了警惕，对农村生产价值的认知也有所下降。

基辛格曾经说过，如果你控制了石油，你就控制了所有国家；如果你控制了粮食，你就控制了所有人；如果你控制了货币，你就控制了世界。近百年来，美国企图通过殖民、贸易、美元货币体系等种种手段，掌控世界上大多数的国家与人民。为了建立粮食霸权，美国推行绿色革命、转基因革命、新能源革命，并进行巨额农业补贴等，以扶持孟山都、先锋、迪卡、陶氏益农等全球垄断型农业综合企业，以及掌握着全球粮食运销的大粮商ADM、邦吉、嘉吉三大企业（世界四大粮商中，美国就占有上述三家，另一家为法国的路易达孚）。我国加入WTO以来，大豆产业沦陷，美国不仅控制了我国大豆实体经济的绝对定价权，也控制了大豆虚拟经济的绝对定价权，给我国粮食安全敲响了警钟。

习近平总书记多次强调，“中国饭碗任何时候都要牢牢端在自己的手上”“我们的饭碗应该主要装中国粮”，体现了党和政府对我国粮食安全的高度重视。我国是一个人口大国，人地矛盾突出，要保障粮食主权和安全就显得更加困难，也更加重要。面对复杂多变的国际形势，我们务必高度重视我国乡村的生产价值，加强耕地保护，稳定粮食生产面积与产量，保障我国粮食主权。

乡村的生产价值，同时体现在手工业生产方面，乡村为手工业、庭院经济提供了生存空间。我国传统手工业，起源于乡村，从家庭手工业发展为工厂手工业。如今，很多地区的乡村特产仍然是传统手工业产品。如在江浙地区，不少乡村家庭手工酿造黄酒、炒制茶叶、编制藤器等；在新疆或西藏地区，不少牧民家庭手工制作羊毛制品、奶制品等；在西南地区，不少村民仍然坚持手工织染布料、刺绣、制作粉条……这些手工业产品利用了当地乡村资源，展现了我国村民的生活智慧与高超技艺，丰富了乡村生活，增加了农民收入。

（二）生存价值

乡村是我国农村人口的主要聚集地。新中国成立之初，我国总人口为5.42亿，其中4.84亿为农业人口，占全国总人口的89.36%。乡村，成为我国大多数人赖以生存之地。随着城市发展，一部分农村居民通过就业、考大学等方式，实现“农转非”，进入城市工作和生活。改革开放以来，村民进城渠道逐渐拓宽，大量农村劳动力开始进城务工和经商。随着收入水平提升和城市落户政策放开，近年来，不少进城务工和经商的村民，逐渐在城市买房定居，使我国城市化率大幅提升，而乡村户籍人口与常住人口呈逐年下降趋势。统计数据显示，2018年年末，我国总人口为13.95亿，户籍人口和常住人口城镇化率分别为43.37%、59.58%，即我国农村户籍人口虽然近7.9亿，但实际农村常住人口约为5.64亿。未来我国城镇化率还有一定的上升空间，但即便达到发达国家的城镇化水平（80%），也仍然会有近3亿农民常住乡村。

近年来，农村常住人口的大量减少，是否意味着乡村已经失去了作为农民生产之地的价值呢？答案是否定的。2020年5月，李克强总理在两会记者会上说：“中国是一个人口众多的发展中国家，我们人均年可支配收入是3万元人民币，但是有6亿中低收入及以下人群，他们平均每个月的收入也就1 000元左右。”“6亿人月收入低于1 000元”瞬间成为全民热议的话题。统计数据显示，2018年年末，我国居民人均可支配收入为28 228元，月均可支配收入为2 352元，但20%的低收入户，人均可支配收入仅为6 440.5元，月均可支配收入仅为537元。2018年，我国城镇居民可支配收入为39 250.8元，即使是20%的低收入户，人均可支配收入也达到14 386.9元，高于月均1 000元收入标准；但当年农村居民可支配收入为14 617元，其中20%的低收入户和20%的中间偏下户，人均可支配收入分别为3 666.2元、8 508.5元，其月均收入远低于1 000元。由此可见，我国城乡差距仍然较大，广大农村相当一部分农民的收入水平仍然较低，农村仍然是我国低收入群体的主要生存之地。但与城市相比，农村生活成本较低，村民基本能自给自足、解决温饱问题，这种低成本的生活，保障了我国低收入人群的基本生存需要。当然，乡村的生存价值不会长期存在，而会随着乡村经济社会发展，向生活价值转化。

（三）生活价值

乡村的生活价值与生存价值尽管只有一字之差，但却有完全不同的内涵。乡村是与城市相对应的另一个重要有序的生活空间，乡村生活的特点，一方面体现为自给自足、低成本的消费方式，另一方面体现为与自然相和谐的生活节奏，同时还体现在乡村熟人社会群体的交流和娱乐活动方面。与城市生活的高成本、高消费不同，乡村生活不是“时间就是金钱”理念支配下的快节奏生活，而是一种去货币化的低碳生活。自给自足的食品和生活用品，日出而作、日落而息的生活节奏，都与自然规律相吻合，这种贴近自然的生活方式，更有利于人们的身心健康，也更符合生态文明的发展理念。

随着城市化加速和城市规模扩张，城市病开始出现并流行，影响着越来越多人的生活，人们开始思考什么是健康的生活方式。有机、低碳、慢生活等理念的传播，以及人们对健康的追求，都使人们重新认识和分析乡村的生活价值。田园风光、诗意山水、与自然生命和谐相处的乡村生活，越来越成为一种稀缺资源。发达国家的逆城市化也充分证明了乡村继续存在的价值，并指明了其未来发展方向。如孟德拉斯（1991）就指出，法国从20世纪70年代开始，农村人口数量不降反升……生活在农村或小城市是四分之三法国人的期望。随着我国经济社会发展，乡村外部条件不断优化，城市居民越来越喜欢往乡村跑，就是因为乡村里有人们需要的生活元素。乡村生活价值，在于乡村生活方式，如低碳、慢节奏、和谐、健康；在于乡村生活态度，如人与自然的和谐共处；在于乡村生活空间，如乡村的清新空气和绿水青山。认识乡村的生活价值，是发展乡村旅游，推进农旅融合的关键。

（四）生态价值

乡村的生态价值是指乡村的存在对周边自然生态环境、社会生态环境、空间生态环境以及文化生态环境等的积极影响。我国乡村面积辽阔，地形多样，森林资源、动植物资源、水资源等遍布其中，是我国主要自然资源集聚地。乡村是我国生态文明的重要载体，是生态文明发展建设的主要空间，乡村良好的生态环境是其区别于城市的重要特征之一。在自然生态环境方面，乡村的森林、草原、湿地、湖泊、河流，甚至稻田系统、果园等，在气候调节、空气净化、水土保持、生物多样性保护等方面发挥着重要的作用。有学者对森林的生态价值进行研究发现，一亩树林的蓄水量比无林地区多20吨，相当于一座地下水池；一亩树林每天可以吸收二氧化碳67千克，释放出氧气49千克，能够满足65个人呼吸需要；一亩树林就是一台天然吸尘器，一年可吸收灰尘22~

60 吨。还有学者研究发现，村落周围的物种、微生物群落等都会明显增加，因此乡村村落有助于保持生物多样性。另有学者对我国稻田系统的生态价值进行研究，发现稻田作为重要的人工湿地，具有较高的生态价值。其一，稻田具有气温调节作用，相当于零耗能的大空调。一亩稻田的降温效果，相当于 100 台 5 匹的空调。其二，稻田具有净化功能，河水经稻田净化，水质可以提高一个级别。其三，稻田具有蓄水功能，相当于一个大水库。试验发现，稻田可维持 15 厘米的水层，与旱地相比，1 公顷稻田最多可蓄水 1 500 立方米。在我国长三角地区，水稻生长期与夏季汛期同步，使稻田在汛期能发挥最佳的蓄洪功能。

乡村的生态价值，不仅体现在自然生态环境方面，还体现在乡村内部所蕴含的生态文明系统和生态文化理念中。在乡村，生态理念渗透到乡村的农业生产和生活各个方面，体现着人与自然的和谐关系和利用自然的智慧。乡村的生态系统是维持乡村可持续生存的重要保障。乡村生产生活的生态循环表现在以下三方面。一是种植业和养殖业之间的有机农业循环。种植业为养殖业提供饲料，养殖业反过来为种植业提供肥料。因为有养殖业，所以农民种植的所有作物几乎都可以得到有效利用；因为种植业，养殖业所产生的所有粪便，都能作为肥料还田，降低了种植业化肥的使用量，减少了环境污染。农民从事种植和养殖生产活动，其种养品种之间都进行了巧妙组合，这种组合是祖辈经过长期实践做出的选择，体现了群众智慧和传统农业几千年来长盛不衰的思想基础。二是村民生产与生活之间的有机循环。如剩菜剩饭、果皮等厨余垃圾可作为家禽家畜的饲料，一些生活垃圾可作为生产用有机肥原料。这种内部循环，可以减少乡村生活垃圾污染。三是乡村资源的综合循环利用。如利用耕作模式实现耕地保护，利用农业生产废弃物，如秸秆、果核、藤条等制作生活用品，减少废弃物，降低生活成本等。

随着城市文化冲击与农业现代化发展，乡村的生态价值受到影响。如一些地方水改旱，减少了稻田面积；一些产业规模经营并长期连作，造成土地过度利用与污染等。更严重的是乡村生产生活方式发生改变，生态理念受到冲击，乡村循环体系被破坏，出现乡村种养分离，农药化肥大量使用，白色垃圾泛滥等现象。乡村振兴，应遵循乡村特点，从传统乡村中汲取生态智慧，强化生态发展理念，重构乡村生态循环体系，加强耕地保护、维系乡村生态多样性，发挥乡村生态价值。

（五）文化价值

乡村是中华民族优秀传统文化扎根的土壤和传承的载体。乡村文化资源丰富。首先是农业文化资源，如传统农业生产经营理念与制度，生产模式、生产工具、劳动方式等。青田稻鱼共生系统、浙江湖州桑基鱼塘系统、广西龙胜龙脊梯田系统等已经被认定为全球重要农业文化遗产。其次是乡村民间文化资源，这是人们在长期生产和生活中形成并世代传袭的生活方式，体现在乡村居民衣食住行的方方面面，包括饮食文化、服饰文化、节日庆典、宗族文化、民族歌舞等。乡村的文化资源，既存在于乡村的空间结构中（如村落、民居、庭院，以及祠堂、庙宇、戏台等公共空间，都是乡村传统文化的重要载体），又存在于乡村生产与生活方式中（乡村生产生活方式是乡村文化的内容，也是乡村文化传承的载体），还存在于乡村特定的社会结构中（家庭、家族、邻里构成的熟人社会，使乡村成为一个开放空间）。乡村通过村民邻里的亲疏关系、群体舆论与压力、村规民约等，潜移默化地影响着村民的行为规范，使尊老爱幼、邻里互助、明辨是非善恶、诚实守信等美德，成为乡村文化传承的重要内容。

党的十九大报告指出，要构建自治、法治、德治“三治”融合的乡村治理体系。乡村文化，正是乡村治理体系构建的基础。长期以来，乡村的公序良俗与传统美德，为乡村治理提供了行为准则和评判标准。乡村振兴，应把优秀乡村文艺蕴含的文化思想、哲学理念、传统美德等，与新时代乡风文明建设相结合，构建新时代乡村文化体系，优化乡村社会环境氛围，发挥乡村文化在乡村治理中的重要作用。同时，应加强乡村物质文化与非物质文化的收集整理、保护传承与开发利用，既要把乡村文化与产业开发有机融合，使乡村文化成为乡村文创产业发展的重要资源，成为休闲农业与乡村旅游提质增效的重要元素，有力提升乡村文化的价值，又要警惕乡土文化保护的符号化、碎片化和过度商业化。

（六）社会稳定价值

历史上，中华民族曾遭遇数不胜数的战乱，每一次战乱发生，乡村都会成为城市文人士子、官员商人的避难所。乡村为民族延续和社会发展，保留了财富，保留了人才，保留了文化的种子，使民族文化得以延续，使社会不断发展进步。新中国成立以后，乡村仍然是我国社会稳定发展的调节器，是我国政治、经济和社会安全的保险阀，是化解危机的蓄水池。我国著名的“三农”问题专家温铁军教授在其著作《八次危机》中，分析了 1949 年以来发生的八次危机，以及农村在其中起到的主要作用。他认为，1949 年以来，工业化、城镇化以及整个体制的改革所产生的制度成本，主要通过“三农”转嫁，这使城市的产业资本实现“软着陆”，使中国能安全渡过难关。1957 年苏联撤资后，中国对外面临外债压力，资本积累断裂，对内面临资本和劳动力大规模投入工业化发展造成的财政赤字。20 世纪六七十年代，全国千万青年三次上山下乡，依靠农村“大锅饭”活命，农村接纳了当时约 4 000 万待业城市青年。2008 年，全球金融危机爆发，我国近 2 000 万农民工失业返乡，我国几乎是“零成本”解决了农民工失业问题，在此背景下，国家当年拿出 4 万亿元人民币刺激国内经济增长。如果当时没有乡村这个化解风险的“蓄水池”，当年失业的这 2 000 万农民工只能滞留在城市，国家也只能先解决失业问题，而不是刺激经济，因此也不可能成为世界上最早走出危机的国家。

2020 年新冠肺炎疫情发生，乡村被再次证明具有“社会稳定器”的功能。此次疫情发生在春节期间，正好是农民工返乡过年的时候。疫情期间，城市与乡村人口分布大约各占一半，甚至乡村人口数量可能要略高于城市人口数量。疫情发生以来，乡村社会特有的“小规模、低流动、自足性”，不仅成为天然的防止疫情传播的机制，还使我国应对疫情的成本降低了一半，为抗击疫情做出了巨大贡献。此外，疫情期间，乡村和农民工在保障城市物资供应的各环节也发挥了重要的作用。

（七）情感寄托价值

乡村是人们寄托乡愁的地方，乡愁意为“深切思念家乡的忧伤的心情”，是一种对家乡眷恋的情感状态。对故土的眷恋是人类共同而永恒的情感。现代诗人余光中 1972 年创作的现代诗歌《乡愁》，以时间为线索，借邮票、船票、坟墓、海峡等实物，书写出自己漫长的人生旅程和对祖国的眷恋，是最能表现“乡愁”内涵的文学作品之一。我国是传统农业大国，费孝通曾用“乡土中国”来概括我国传统乡土社会。我国绵延数千年的农耕文明的根脉在乡村，几千年的乡土社会发展，也塑造了国人的“乡愁”情节。乡村不仅仅是一个人或一群人的家园，更是整个中华民族的精神寄托和心灵的港湾，寄托着人们最初的情感和最深的记忆。乡村文化中蕴含着浓厚的民族情感、凝聚力和向心力，是民族文化自信的坚实基础。自古以来，我国文学作品中就有大量描写和歌颂农村日常生活、自然风光，以及思念家乡、向往田园生活的诗词歌赋。如田园诗派的开山鼻祖陶渊明，就创作了三十多首歌颂悠闲田园生活的诗歌，其中的“羁鸟恋旧林，池鱼思故渊”“采菊东篱下，悠然见南山”等诗句，成为千古绝唱。习近平总书记多次提到，乡村发展，要保留乡村风貌，传承乡村文化，留住田园乡愁，要使人们记得住乡愁，这也为新时代乡村振兴发展指明了方向。在乡村振兴中，要特别注意城市规划建设对乡村的改造，破坏乡村自然生态环境和乡村风貌，会使乡村失去“村味”，使人们“找不到乡愁”。

第三节　乡村振兴背景下的乡村活化

一、乡村活化是乡村振兴的重要手段

乡村衰落是现代化发展进程中的必经阶段，在迅猛的城市进程中，乡村资源流失，出现经济萎靡、村庄萧条、发展迟缓等问题。为破解乡村衰落问题，世界各国纷纷从不同的角度，探索乡村活化路径。如日本，就通过挖掘农业多元价值的方式促进乡村经济社会发展。包括利用农村田园景观、农业生产经营活动以及农村文化，配合地区聚落的建设特色，并与休闲旅游结合，形成观光农业；回收有机垃圾来堆肥，并用在有机生态农业上；实行有机化和创意化生产，形成创意农业；与能源产业、文化产业等结合，形成能源农业、文化农业；在城市进行都市农业实践等。我国台湾地区乡村活化分别经历了以经济、环境、社会、人等作为主体的探索阶段，但本质还是对乡村价值的挖掘与利用。

乡村活化的内涵，引自地域活化的概念。地域活化是指某个衰败或未开发地域，通过多方位的策略探索形成完整的地域发展体系，促进当地发展复兴。其包含了实质地方经济、地方环境等有形效益，以及居民地方认同感、归属感和精神素质提升等无形效益。从本质分析，乡村活化的内涵在于通过系统的乡村发展策略，多层面挖掘乡村价值，激活乡村经济，促进乡村地区的活化复兴。乡村振兴，其最终目标是推动乡村活化，复兴乡村经济，实现城乡一体化发展与共同富裕。回归乡村价值的乡村活化，既是乡村振兴的需要，又是乡村振兴的基础，应重新认识新时代乡村具有的生产、生存、生活、生态、文化、社会稳定和情感寄托等多重价值，并推动这些价值的提升，实现创新。

自2005年我国提出推进社会主义新农村建设以来，国家和地方促进乡村活化的政策相继出台。随着乡村振兴战略的提出，政策力度加大，我国近年在乡村基础设施、人居环境、产业基础、农民收入等生产生活方面取得了许多成

果。但一些地方在推进乡村建设时，出现了很多误区，如乡村外观整治“千村一面”，乡村产业发展同质化，乡村田园景观“城市化”等。乡村社会关系和文化特色受到一定的破坏，乡村地域特色逐步丧失。我国乡村地域辽阔，文化差异大，加之经济发展不平衡，因此推进乡村振兴，一定要因地制宜，尊重农民意愿，充分发挥村庄本身的资源特色，制订适宜的乡村活化方案，激活乡村各资源要素的价值化开发，全面推动乡村经济社会发展。

二、我国台湾地区乡村活化的实践探索与经验

20 世纪 60 年代，我国台湾地区先于祖国大陆进行了乡村活化道路的探索，以日本等先进国家为学习样板，结合自身资源特色，探索出“一村一休闲”的独特模式，不仅成功吸引了都市人到乡村休闲观光，也吸引了很多高素质“农二代”放弃城市稳定与繁华的生活，回归乡土，参与乡村活化再生，最终走出了一条“一村一品”与“一村一休闲”双轮驱动的道路，实现了乡村经济与乡土情结的双赢，使台湾地区乡村活化成为世界乡村活化的典范。

我国台湾地区的乡村活化探索，主要经历了以经济为核心的休闲农业发展阶段，以环境为核心的富丽乡村建设阶段，以社会为核心的社区总体营造阶段，以人为核心的农村再生条例四个阶段。

20 世纪 60 年代，台湾地区乡村的传统农业逐渐萎缩，单一的农业产业无法满足乡村经济发展的需求，这迫使台湾地区农业部门开始积极探索改善农业经营方式，农业产业结构逐渐由农业生产向工商业、服务业转型，休闲农业应运而生。1963 年，彰化县田尾公路花园利用本土特色鲜花吸引游客，成为观光农园在台湾地区的“首秀”。随后，台湾地区各地依托不同在地资源发展起来的观光农园逐渐增多。但这一时期的休闲农业经营方式还较为单一，主要利用当地优势资源作为吸引，从游客的观光、购买等行为中获得经济效益。20 世纪 80 年代起，休闲农业逐渐向多元发展，观光农园在产业链条上延伸发展为休闲农场，结合乡村旅游为游客提供更深度的休闲活动，如农事体验、工艺博览、野炊露营、民宿体验等。乡村机制由单一的农业生产向多元的休闲服务业发展，休闲农业的休闲功能逐渐成形。20 世纪 90 年代，单个休闲农场有限的资源已无法全面满足游客的游憩要求。2001 年，台湾地区开始将个别农场的发展理念，扩大为以整个乡镇为园区来发展，引导休闲农场连片发展成为休闲农业区，从区域层面对乡村零散的休闲农场进行资源整合、系统管理。由此可见，台湾地区休闲农业经历“点”（观光农园）—“线”（休闲农场）—

“面”（休闲农业区）的发展演变。休闲农业的发展空间从零散的单点农户自建转变为系统的乡镇联动建设；休闲活动的时间则由短暂的一日观赏游转变为提供食宿的深度体验游。这些都大力拉动了台湾地区乡村经济的增长。但这种发展主要集中在乡村产业经济的发展上，对乡村的环境改善及文化塑造等方面涉及较少。

1991 年，台湾当局出台有关农业文件，提出“富丽新农村”建设目标，台湾地区乡村活化从单一的产业发展向环境改善延伸。在自然环境上，台湾地区的乡村活化遵循永续发展的理念，在保持乡村自然风貌的基础上，对有特色自然资源的乡村进行适度开发，向乡村生态旅游园区探索；在人居环境上，保护原有乡村特色风貌，将具有传统装饰特点或经特殊工艺建造的房屋进行保存和修复，增加基础设施的现代化改造，重视村貌的整治与改善。富丽乡村的建设，接应了休闲农业的发展，在改善产业生产环境的同时，将精力更多投向公共基础设施完善、景观绿化美化、生态环境改善等方面，使乡村面貌有了很大改观，村民居住品质显著提高，是台湾地区乡村活化历程中的重要推动力。

随着休闲农业与富丽乡村建设的推进，台湾当局及民间组织意识到，乡村活化不应仅从经济产业和物质环境着手，更重要的是从社会精神文明层面唤醒民众对于乡村发展的“共同体意识”。为此，1994 年，台湾当局出台了社区总体营造政策。该政策一方面由地域文化的角度切入，与休闲农业发展和富丽乡村计划并行，进行空间和环境的美化、地方产业的文化包装；另一方面融入“共同参与”的发展模式，集合民众的力量，突出社区特色，包括各种民俗活动的开发、古迹和建筑特色的建立、地方文史人物主题展示馆的建立等。社区总体营造，将视角转向了社会文化的认同，消解了人们对于乡村社区空间的疏离感，织构起乡村活化的社会文化网络，同时反过来激活了休闲农业计划和富丽乡村建设的生机与活力，与乡村活化建设相辅相成。

随着社区营造不断深入，人在乡村活化中起到的主体作用日益凸显。为了发挥人在乡村产业经济增长、环境品质提升和社会总体营造的本源力量，2010 年，台湾当局出台相关农业文件，以村民精神与技能培养为重点，推动乡村的活化再生。农村再生计划，把乡村活化的理念以平民教育的方式推行于乡村社会，同时呼应了休闲农业发展、富丽乡村建设，兼顾了产业发展和环境改善，凝聚了村民的共同体意识，是乡村活化历程中不可缺少的内生动力。

我国台湾地区的乡村活化，经历了休闲农业计划、富丽新农村建设、社区总体营造、农村再生计划阶段，各个阶段有不同的使命和侧重点，在时间上递进或交叉，内容上交融或互补，从不同维度为乡村复兴注入新活力。台湾地区逐步探索构建了多元化的乡村活化体系，形成了农业全息型、生态情感型、技艺活化型和文化沉浸型等依托乡村在地特色资源为导向的乡村活化模式。

农业全息型，重点依托村庄自身独特的农业资源条件，打造全息化、创意化、体验化的项目，构建适合都市人休闲的乡村独有的农业体验。如台东的池上乡，乡村生态环境曾经遭受破坏，鱼、虾和候鸟近乎销声匿迹。20 世纪 90 年代开始，池上乡一方面进行大坡池环境设施改善工程，修复池岸空间，设立生态亲水步道和平台，营造出可供生物自然栖息、居民日常休憩与游客观光游览的水岸环境；另一方面重点打造稻米产业，挖掘稻米文化，通过“一心做好米”和“全息做体验”，实现了稻米产业的战略提升，成为台湾地区有名的稻米产区和稻米文化旅游区。生态情感型，是指挖掘乡村生态文化背后的情感故事，形成复合化体验，迎合都市人情感需求。如南投的桃米社区，以当地特色物种青蛙为着眼点，进行情感包装和形象设计，美化原生态环境，促进生态观光、生态民宿、有机农业的产业发展。技艺活化型，主要针对都市人的时尚消费需求，对乡村传统技艺进行改造升级，让乡村本身成为传统技艺的展示窗口，增加乡村吸引力。如嘉义的板头村，利用传统交趾陶艺，对社区进行生活化和全域化改造，重塑板头村形象，通过别具特色的乡村面貌，提升地方知名度，使板头村成为交趾陶艺的展示窗口。文化沉浸型，主要通过激活乡村独有的民族、民俗文化，将乡村文化资源进行全方位和系统化的整合，为都市人营造沉浸式的体验。如台东的布农部落，通过挖掘布农文化，打造原住民产业，营造原住民文化氛围，并与休闲旅游业深度互动，实现文化传承与经济升级的融合发展模式。

台湾地区的实践与案例，为我国大陆乡村振兴发展提供了理论与经验借鉴。我国大陆推进乡村振兴，也应明确各阶段乡村发展任务，改变以乡村经济建设为主的理念，融乡村经济、环境、社会、文化、人才为一体，构建乡村活化振兴体系，并通过对乡村土地、景观、产业、文化、人才等资源的激活利用，探索多元化乡村活化模式。

三、浙江乡村活化实践——何斯路村案例

（一）何斯路村的发展

何斯路村位于浙江省义乌市城西街道的西北部，是长堰水库上游的一个山区村。村口东黄线向南与义乌市区相连，向北与浦江市相接，与杭金衢高速公

路上溪入口相距 5 千米。村庄通过高速公路南距金华 35 千米，北距杭州 110 千米、距上海 305 千米，东距宁波 200 千米，西距千岛湖 120 千米，交通十分便利，具有较好的交通优势。何斯路村村域面积 3.76 平方千米，耕地面积 375 亩，林地面积 4 109 亩。全村有 466 户，共 1 056 人。

过去，何斯路村是一个落后的小山村，2008 年，村民人均收入仅为 4 570 元，村集体资产亏损 10 余万元。村里的年轻人大都外出务工，留下的村民依靠务农和到周边干点零活来维持生计。那时在义乌的环卫工人，十有八九都是何斯路村的。2008 年，在外闯荡多年积累了一定财富的何允辉回到何斯路村，加入村民委员会，带领何斯路村闯出了一条“致富路”。从 2008 年起，在以何允辉为带头人的新乡贤群体的带领下，何斯路村发挥区域优势与特色资源优势，大力发展薰衣草产业、黄酒产业和乡村旅游，推动村庄一二三产业的融合互动发展，走出一条乡村活化振兴道路。2018 年，何斯路村村集体资产超过 1 亿元，村集体收入 2 420 万元，人均收入 42 980 元，接待到访考察培训团队 592 批次，培训 3.1 万人。何斯路村，从曾经的贫困村，发展成为今天的“示范村”，先后获得“中国十大乡村振兴示范村”“国家级生态文化村”“国家级最美乡村试点村”“全国妇联基层组织建设示范村”“浙江省文化示范村”“浙江省特色旅游示范村”等荣誉称号。何斯路村因此成为很多省市村庄活化振兴的学习典范，每年接待大量考察学习团队。

（二）何斯路村的主要做法

1. 抓住一个产业，打造全产业链

2008 年，何允辉带领村民开始种植薰衣草。经过 3 年的不懈努力，2011 年，何斯路村薰衣草园开始正式对外开放，并举办了第一届薰衣草观光旅游节，当年就为村集体增加收入 383 万元。为使乡村发展惠及全体村民，2011 年，何斯路村成立草根休闲农业合作社，将村民手中的土地山水等生态资源，作为原始股入股合作社，村集体占股 25%，其余 75%则由村民和社会资本自愿认购。2012 年，何斯路村开始研发薰衣草衍生产品，注册了龙溪香谷商标，在伊犁建立 4 000 亩薰衣草种植基地，与厂商合作加工，生产薰衣草精油、香皂等系列衍生品，完善了薰衣草产业链条，成就了何斯路村第一产业。到 2018 年，何斯路村开发的与薰衣草相关的产品已超过 70 个品种。何斯路村在种植薰衣草之初，就没有把目光局限于薰衣草本身，而是以全产业链发展思路打造薰衣草产业链，形成了一条集种植、加工和销售于一体的纵向产业链，并依托薰衣草，打造薰衣草主题公园、婚纱摄影和儿童摄影基地，发展旅游产业，拓展薰衣草的横向产业链。

2. 挖掘村庄特色文化，打造“何氏家酿”黄酒品牌

何斯路村有一项在当地闻名遐迩的非物质文化遗产，那就是何氏传统家酿红曲黄酒。何氏家酿，以特制红曲配上村内甘甜清澈的天然罗井山泉酿制，自明代起已有六百余年历史。为了开发何氏家酿文化内涵，打造黄酒品牌，帮助村民增加收入，何斯路村从2008年起，在每年12月18日都要举办何氏曲酒节活动。邀请中国曲酒协会、浙江大学的专家给村民酿的红曲黄酒评奖，评选出“何氏酿酒高手”，颁发证书并给予物质奖励。获得三等奖以上的农户所酿的曲酒，由村里统一收购，冠以“何氏家酿”品牌向社会供应销售。为宣传曲酒文化，何斯路村建立了何氏酒文化陈列馆，展示家酿曲酒的选料、制曲、发酵、酿酒、过滤、贮存等工艺流程，让参观者可以近距离了解和体验何氏家酿秘制过程。如今，何斯路村的曲酒节和“何氏家酿”品牌曲酒已经成为何斯路村的一张名片，曲酒收入也一年比一年高。2018年，何斯路村红曲黄酒年销售收入达到300多万元。

3. 优化生态环境，美化村容村貌，完善产业链设施配套

何斯路村高度重视村庄生态环境建设，早在2008年，就推进全村雨污分流管网改造整治。同时，因地制宜，优化建设了许多村庄生态景观。如利用原地貌建起了牛食塘湿地公园，采用埋设涵管的办法，将村里11口水塘进行水体连通，引进附近水库的水，使池塘的死水变活水，并在一些相邻池塘间架起了漂亮的景观木桥；在村中一片曾因失火被烧毁的老房的废墟上植树，使其成为生态景观林；在村里荒山坡上种植樱花树，美化村容；修缮村里明代古民宅、何家祠堂、新四军旧址、燕子坳古村落等古建筑；发动退休教师将农耕文化、山水文化、人居文化及本村特色酒文化等，用漫画、书法等形式上墙，还在墙体上绘制本村历史名人事迹，让大家在休闲观光中回味历史、体味文化。经过10余年的努力，何斯路村逐渐形成了公园式村落的格局，营造了人与自然和谐共生的良好生态环境。在薰衣草产业发展与村庄公园化建设的同时，村里还建起了集餐饮、住宿、会议、接待为一体的“斯路何庄”酒店，打造了志成民俗街、文化长廊，鼓励村民经营各类餐饮民宿服务业，进一步完善村域“吃住行游购娱”全域旅游产业链条。

4. 创新德治模式，丰富文化生活，塑造良好乡风文明

在经济建设发展的同时，何斯路村高度重视精神文明建设，创新德治模式，塑造良好的乡风文明，使全村家庭和谐，邻里间团结友爱。一是创办

“功德银行”。2008年，何斯路村首创“功德银行”，“功德银行”采用赋分制的方式，村民称其为“一报二查三公布，功德多少大家算”。村民可将好人好事上报，经核实后，好人好事将以积分的形式存入“功德银行”，一季度一结算，一季度一公布。单位时间内，得分较高者会有一定的奖励，并在全村进行通报表扬。自“功德银行”创立，10余年来，存入的大大小小的好人好事约1.5万件，积分突破8万分，全村95%以上的村民都在“功德银行”中有自己的积分。积分是对村民个人信用的评价，有了一定的积分，村民不用抵押其他物品，就可在村集体经济组织贷到最高60万元额度的低息贷款。“功德银行”鼓励村民将功德存入“银行”，在全村倡导奉献互助的风气，使何斯路村成为一个正能量的“储蓄罐”。二是创办老年大学和“斯路文化讲堂”。2006年，何斯路村成立老年大学，年过60岁的老人可以报名上课。老年大学由退休的教育工作者担任校长，不仅有课本，还有寒暑假，“学生”学成后取得毕业证书。老人们通过老年大学和“斯路文化讲堂”，可以学习传统文化、养生保健知识，了解国内外时事等。三是开设“斯路晨读班”。2018年4月，何斯路村开办了“斯路晨读班”，晨读班安排在农历每月逢“二、五、八”日，上课时间是早上5:30—6:30。晨读的内容主要有：“一讲”，即讲政策、国家大事、村规民约；“二学”，即学礼仪、文明用语；“三做”，即做好人，结合“功德银行”，引导村民做好人好事，在晨读中通报宣传；“四练”，即练太极拳，强身健体；“五唱”，即唱何斯路村歌。每节晨读课都严格按照这五个步骤开展。晨读班的老师由村两委干部和村中退休老教师担任，授课形式生动活泼，深受群众欢迎。晨读班开班以来，人员从最初的几十个，发展到近百人，“学生”中最小的仅6岁，最大的80多岁，还有很多“一家三代”齐参与的情况。四是丰富村民文化娱乐活动，在村里文化广场配套各种健身器材和儿童娱乐器材，配置供中老年人跳广场舞用的音响设备，成立腰鼓队、秧歌队，经常开展定点投篮比赛、拔河比赛、钓鱼比赛、太极拳教学等文化娱乐活动。

5. 深化村庄治理，增强村民凝聚力

一是发挥乡村基层党组织引领作用。为进一步发挥党组织引领作用和党员示范带头作用，何斯路村制作村庄红色网格地图，每名党员结对帮扶2户贫困户脱贫致富。实施党员“五带头”、党员形象公开及十二分积分评比等制度，加强对党员的监督和管理。二是发挥何氏祠堂（村文化礼堂）对村民的凝聚作用。何氏祠堂以族长和家族理事会（由全族推举的德高望重的村民组成）为治理核心，通过开展新生儿入谱、举办成人礼、功德展示、家风传承教育等各种活动，维系族群内部关系，增强村民仪式感、归属感和认同感。三是实施“百万育才计划”。从2008年起，每年投入10万元支持青少年外出旅游，开展冬令营、夏令营等活动，增长他们的见识。10余年来，村里的青少年曾去到北京、上海、台湾等多个地区。四是完善村民内部福利制度，提高村民幸福指数。何斯路村为村民缴纳大额医疗保险和养老保险，使村里老人享受养老金——村里50岁以上的女性每月可领取1 685元养老金，60岁以上的男性每月可领取约1 800元养老金；70岁后，所有老年人的养老金每月将提高到2 245元。

（三）何斯路村的启示

何斯路村的发展证明，一个村庄的活化振兴，离不开一个有能力的精神领袖——何允辉在何斯路村乡村振兴中起着重要的引领带头作用；离不开创新的产业发展思路——以支柱产业为基础，以全产业链打造为目标，通过产业融合发展，实现产业—文化—旅游的全域经济社会发展；离不开村民的拥护与共同参与——何斯路村通过精神文明创新，通过自治与德治的有机结合，把乡村文化与乡风文明根植于村民血脉之中，使村民在乡村产业发展、村庄治理和文化建设中发挥主观能动性，而这种乡村文化氛围，反过来成为促进和吸引游客的内生要素，使文化在产业链建设和村庄治理中发挥出纽带作用。故此，推动乡村的活化与振兴，不能只抓产业，只看眼前。应从全产业链角度思考产业布局与发展，从市场需求角度思考产业目标客户群，打造特色，打造品牌；应充分挖掘本土文化资源特色，建立文化资源与产业资源的有效衔接机制；应高度重视乡贤在乡村振兴中的引领带头作用，以乡土文化与“乡愁情感”为纽带，吸引乡贤回乡，发挥村民的主观能动性，共同参与乡村建设。乡村活化，既是乡村经济的复苏，又是乡村文化的复兴，还是乡村美化与乡村生活的回归，应围绕“产业兴旺、生态宜居、乡风文明、治理有效、生活富裕”的总要求，推动产业、生态、文化的有机融合，实现村庄有序发展，村民富裕幸福。

第六章 乡村振兴背景下乡村人才回流机制构建与农民的主体性作用发挥

第一节 乡村振兴背景下乡村人才回流机制构建

一、人才是乡村振兴的首要条件

乡村衰落始于乡村人口的持续单向性外流，乡村振兴，首先面临的就是乡村人才不足的问题。创新人才机制，促进乡村振兴所需的各类人才，从城市向乡村回流，凝聚乡村人气，应是推进乡村振兴战略的首要任务。

“人才回流”在西方称为“brain gain”，是相对于“人才外流”而产生的一个概念，早期主要用于研究在海外工作和学习的人才回归母国的情况，后来逐渐运用于国内不同区域间的人才流动研究。黄莉苹（2004）研究了我国欠发达地区人才回归的策略。刘志红（2006）则对我国中西部地区人才回流的可行性及对策进行过研究。近年来，乡村人口大量外流，致使乡村发展人才缺乏，吸引人才回归成为“三农”政策的一个重要方面，“人才回流”一词也开始用于研究城乡之间的人才流动问题，主要用来描述人才从城市向乡村的时空转移现象。李秀美（2012）提出，当农业农村现有人才存量无法满足农业产业化发展需求时，合理引导掌握一技之长的农民工、农村籍大学生以及非农籍社会人才回流农业，是确保农业产业化持续、快速、健康发展的重要措施。程蓉（2018）认为，乡村振兴战略实施的核心是人才回归，人气聚集。周晓光（2019）认为，人才是乡村振兴战略实施的根本。他还分析了乡村振兴战略实施对人才的类型、素质、环境等的需求。陈贵（2019）认为，要破解振兴乡村急需人才不足的问题，应探索“积分落户农村”的新模式，鼓励城里人到农村去养老、投资、务农创业等。

在政策层面，近几年来国家和地方出台大量助农惠农政策和“返乡创业”政策，鼓励人才向乡村回流。随着扶贫攻坚和乡村振兴战略协同推进，我国乡村基础设施条件有效改善，乡村创业就业环境进一步优化，乡村人才回流的软硬件条件初步具备。在此背景下，“城归”现象开始出现，乡村“新村民”的身影也开始成为不少村庄一道亮丽的风景线。“城归”现象与“新村民”的产生，既是我国长期以来“三农”政策富集的成效体现，又是我国经济社会发展到一定阶段，城乡关系的“自我调节”，其在一定程度上缓解了乡村振兴人才不足问题，也为乡村振兴人才回流机制构建提供了新的研究方向。

二、“城归”与“新村民”的内涵

“城归”一词最早由林修果和谢秋运（2004）在其文章中提出，其命名灵感源于“海归派”一词。他们在文章中，把那些走出封闭的乡村到城市中拼搏发展，并取得一定的经济成就之后，重新返村参政，并迅速走上村庄政治前台，掌控村级公共权力的村庄成员，称为“城归”精英。此后，“城归”一词开始在学界与政府层面开始使用。但目前可查到的关于“城归”的研究文献不多，从已有的文献来看，目前“城归”、“城归”现象、“城归”群体几个词语存在混用情况，其概念尚未统一。但一般而言，“城归”和“城归”现象是指人才从城市向乡村回流的现象，“城归”群体主要是指从城市向乡村回流人才的结构。从现有文献可以看出，关于“城归”的概念，目前存在广义与狭义之分，广义的概念把“城归”者作为一个群体，认为返乡的农民工、大学生、退役士兵，以及科研院校的科技文化下乡人员、扶贫干部等均属于“城归”。叶兴庆（2016）把近年来从农村走出去的农民工、大学生、退役士兵，以及城镇的科技人员、中高等院校毕业生等的下乡从业现象，称为“城归”现象，并把这些下乡创业群体称为“城归”群体。雷洪和赵晓歌（2017）对“城归”群体的概念界定与叶兴庆类似。他们认为，“城归”群体除了包括数量上居于首位的返乡农民工外，还包括市场创业者、科技文化下乡者、农村扶贫工作人员、赴农村就业的大学生等，这些人共同构成的复合的社会群体才是“城归”群体。但更多文献对“城归”者的概念界定是偏向狭义的，它们一般把“城归”者局限于“农民”身份，主要指返乡创业就业的农民工。林亦平和魏艾（2018）认为，“城归”人口是指原有农业户籍人口以不同形式进入城镇就业与生活一段时期后，返回原居住乡村进行就业、创业与生活的特殊群体。他们还进一步对“城归”的结构进行了界定，认为“城归”人口在相对广义上包括了所有回归农村进行就业、创业、投资与生活的原有农业人口（包括农民工、城镇企业招工人员、农村大学生等），在相对狭义上则只包括返乡创业与就业的农民工。2019年的一些文献，在“城归”的概念上，仍偏向狭义，把“城归”者的身份主要限定于“农民”范畴。黄敦平（2019）研究认为，“城归”者是特指那些在城镇拼搏多年，经历过市场经济长期磨砺，有资金积累、有技术专长、有从业经验、有营销渠道、有创业意愿、有故土情节的“六有”返乡创业农民工。顾结龙（2019）也认为，“城归”者是指从城里返回乡下创业的农民工群体，其大多是自发回乡，拥有在城市打拼多年积累的资金、经验和眼界，是一批有经历的成功人士和能人。刘祖云和姜姝（2019）则提出应该赋予“城归”现象及这一新群体一些更新的理论解释。他们认为“城归”是乡村振兴背景下真正的“人的回归”。其研究虽然没有给出“城归”的明确概念，但从文章内容不难发现，他们认为的“城归”，仍然是指从乡村向城市流出的农民群体重新对乡村的回归。基于对上述文献的研究，本研究认为，“城归”本质上是人才从城市向乡村的时空转移与身份转换，体现的就是人才回流乡村的过程。随着“城归”现象在广度与深度上的发展，“城归”群体逐渐壮大，人才结构内涵进一步拓展——从城市返乡的原籍农民工、大中专学生、退役士兵，以及非原籍的科技文化下乡工作者、农村扶贫工作人员、离退休返乡者、乡村创业者、从事乡村公益活动的从业者等社会群体，均属于“城归”群体。

与“城归”相比，“新村民”是一个更新的名词，目前在乡建学界和在地实践者中提得比较多，但在学术界尚未有明确的概念。在中国知网上检索关键词“新村民”，仅有3篇文献；篇名含有“新村民”一词的文献，有23篇文献；主题含有“新村民”一词的文献，有154篇。在上述检索到的文献中，对“新村民”的概念与内涵均无较为明晰的界定，甚至在许多文献中，“新村民”不是一个专有名词。目前，“新村民”大概可以分为三类。第一类是由于异地务工形成的“新村民”。这部分“新村民”，一般由落后地区农村向大城市周边农村流动，以农民工为主。郑秋临（2012）认为，改革开放以来，大量外来人员涌向经济发达地区务工，为了节省开支，他们居住生活在城市周边的农村，成为新农村里的新群体，即新村民。由此，他进一步得出“新村民是由外来人员在经济发达周边地区农村居住生活而形成的新群体”的结论。与此概念相近的是，朱彭忠、曹少奎（2012）和金林泉、周金绍等（2014）研究上海嘉定区太平村村域治理时，把大量涌入太平村，来自全国各省（市）数量超过本村村民数倍的外来人员称之外“新村民”。第二类是由于城市居民异地乡村生活形成的“新村民”。这部分“新村民”，主要由大城市向自然环境优良的乡村流动，以城市中产阶级家庭为主。陈琳（2018）在研究云南大理银桥镇移民的文化属性与经济的稳步发展时，就把城市高速发展过程中，大批涌进大理的高知高能的中产阶级家庭，称为当地乡村的“新村民”。第三类是由于异地创业与工作形成的“新村民”。这部分“新村民”，主要来自城市和异地乡村，是具有一定投资经营能力和技能的人群。刘吉婷（2018）就把成都市蒲江县明月村外来经营者视为“新村民”，并以“经济依赖”和“情感认同”来解释外来经营者对旅游社区地方依恋的特殊属性。

根据当前乡村在地实践中对“新村民”的一般指代，以及“新村民”在乡村振兴中的价值，上述三类对“新村民”的认识均存在不足之处。本研究在立足已有的研究基础和实践调研基础上，对“新村民”的概念进行重新界定。“新村民”应主要指那些来自城市或者外地户籍，非本村原籍，但在村庄工作、创业或生活超过半年及以上的人群，包括乡村外来创业者、生态农人、艺术家、学者、自由职业者、退休人员等，以及从事乡村公益的组织和从业者。这些乡村外来人员，由于长期工作或生活在村庄，为区别于原籍的本土村民，可统称为“新村民”。

三、乡村振兴人才之源：“城归”和“新村民”

从“城归”和“新村民”的内涵可以看出，“城归”强调的是人才从城市向乡村的回流，“新村民”偏重的是在一个村庄范围内相对于原住民而言，来自外部却在村庄居住超过一定时间的“村民”。在我国大量乡村空心化加剧的背景下，“城归”和“新村民”的产生，有利于缓解乡村振兴人才不足问题，也为乡村人才回流机制的构建提供了新的研究方向。

1.“空心化”的乡村靠谁振兴

改革开放40多年来，我国城镇化发展迅速，不断向城市转移的大量农村劳动力，在城市建设与工业化发展中做出了巨大贡献。但这些农村人口向城市的单向流动，使我国不少农村出现空心化、老龄化问题。本研究对西部某市的3个村庄进行深度调研后发现，3个调研村庄外流人口占村庄总户籍人口平均比重达到63.4%，其中外流劳动力平均比重为46.3%。可见，一些地区农村人口的流失情况已经十分严重。

乡村人口空心化，曾引起学界关于“谁来种地”问题的讨论，但农业科技的创新发展，特别是适度规模经营与机械化，似乎破解了这一问题，从我国连续十五年的粮食丰产可见一斑。因此，近年来关于“谁来种地”问题的讨论声音渐小。然而，长期以来，乡村人口大量向城市与非农产业转移的影响，已经渗透到乡村的更多方面。在农业方面，尽管新型农业经营主体培育与适度规模经营在一定程度上改变了农业生产经营方式，但在某些地区，如西南丘陵地区，特殊的地理地貌约束了农业规模经营与机械化，使耕地撂荒形势严峻。某些机械化难以替代手工劳作的劳动密集型产业，如蔬果产业，劳动力不足与劳动力成本高成为其发展的重要制约因素。在乡村文化方面，大量外流的乡村人口使传统的乡土文明断裂，乡村公序良俗被破坏，大量农耕文化传承面临危机。在乡村治理方面，撤乡并镇扩大了乡村治理范围，传统乡村道德约束弱化，乡村治理能力下降，村庄无序化建设增加，留守老人与儿童等问题突出。

乡村振兴，人才是关键。空心化的乡村，靠谁来振兴？促进城市人才回流，加强乡村人才培育成为当前人才振兴的主要手段。“城归”是乡村人才回流的主要体现。张蕴萍（2016）认为，“城归”现象在一定程度上打破了人才向城市流动的惯性，也规制了垄断资源的单向度走向，成为农业供给侧改革的重要突破口，适度平衡了农村变革过程中的各种负外部性。厉以宁（2016）对城归人口在农业经济与社会发展中的“新的人口红利”作用给予了高度评价。顾结龙（2019）基于乡村文化视角，认为“城归”群体的出现为新农村文化产业的建设和发展注入了新的活力。可见，“城归”是乡村振兴人才来源的主要渠道。但让“城归”现象可持续，让“城归”群体“回得来，留得下”，让那些从村里流走的人才再恢复村民角色，让那些对乡村有情怀的非原籍村民从“城归”者转化为“新村民”，共同参与乡村建设，才是乡村人才振兴的根本目的，只有明确了这个目的，才能真正解决乡村振兴人才缺失的问题。

2. 主动与被动：“城归”者为何而归

“城归”者能否在乡村留得住，与其回归的原因紧密相关。刘祖云和姜姝（2019）把“城归”原因分为隐性和显性两个层次。他们认为：在隐性层次上，“城归”是受到了中国传统文化“叶落归根”这一潜意识的深刻牵引；在显性层次上，则受到了农民工乡村社会关系的“不在场”以及城市对于农民工的制度性排斥等因素的影响。他们进而把“城归”分为“虚假回归”和“主体性回归”。本研究基于已有文献研究和实践调研，根据“城归”者的回归意愿，把“城归”分为被动与主动两类。

被动“城归”：“城归”者主观上没有回归意愿，但基于外部原因，被动回乡。被动“城归”主要有五个方面的原因：一是自身原因，主要是指乡村流出的老一代的农民工，以及有伤病的农民工，受年龄与身体影响，难以满足城市务工要求，被迫返乡。二是经济原因，主要是指那些在城市务工收入偏低的农民工，以及部分没有稳定收入来源的城市居民，为节约生活成本，被迫从生活成本较高的城市向生活成本偏低的乡村逆流。三是家庭原因，由于家庭留守老人失能，或留守儿童特殊阶段的学习、疾病等原因，导致外务工人员的返乡。四是工作原因，主要指“城归”群体中的科技文化下乡工作者、农村扶贫工作者等人员，由于工作需要而不是自身主观选择，在一定时期，被动地把工作和生活重心从城市转移到乡村。五是劳务市场环境影响，受外部经济环境与劳务市场环境影响，某些行业出现阶段性减员，迫使一些城市就业务工人员季节性返乡。

主动“城归”：“城归”者主观上对返乡创业或乡村生活具有强烈的意愿，在行动上有明确的目标，主要基于情感和经济两个因素，主动回乡。中国人自古以来，就有故土情节与隐世情怀，从陶渊明的“采菊东篱下，悠然见南山”，陆游的“云闲望出轴，叶落喜归根”，到余光中的《乡愁》等大量文学作品，均反映出中国人的乡土情怀。这种乡土情怀，就如同一种隐形的“黏性剂”，在情感的深处吸引着曾经从乡村走出去的人群，这就是中国传统文化中所特有的家乡的“空间黏性”。在这种情感因素下，农民工、大学生、退役军人、离退休人员，以及城市精英中的乡村创客等，均可能成为主动“城归”者。

无论是主动“城归”者还是被动“城归”者，均会在乡村生活或工作一定时间，其必然对乡村生态环境、乡村文化、乡村治理等产生影响。调研发现，主动“城归”者比被动“城归”者更积极地参与乡村建设，对乡村振兴具有正向影响，是助推乡村振兴的人才主力。被动“城归”者，则可能是乡村振兴的“隐性人才”，需要通过创新人才机制，来激发其参与乡村振兴的主动性与积极性。

3.“新村民”：精英人才的反向流动

随着“城归”现象增加，“新村民”开始在一些乡村出现。与村庄原籍村民的回归相比，“新村民”的主体主要是城市精英，也包括“异地创业”的职业农民，他们不再拘泥于故土，而是把“乡愁”从“回家乡”的小情怀，转变为“回乡村”的大情怀。“新村民”的产生，是我国精英人才真正意义上向乡村的流动。社会发展历史证明，精英人才一般是从社会底层向高阶层流动，从落后地区向发达地区流动，正是“精英无限流动与继替的过程”，促使“社会状况的缓慢转变和改良”（林修果 等，2004）。“新村民”在一定程度上打破了传统规律，实现了精英人才的反向流动。无论是向往田园生活的离退休干部、城市小资青年（如艺术家、学者、自由职业者等），还是立志乡村创业的创客精英，这些“新村民”的到来，对乡村的影响都是十分显著的。他们不再把自己作为“客居”乡村者，而是以更加积极的态度，关心村庄的环境卫生、基础设施建设、文化氛围与乡村治理等问题，主动参与村庄事务。目前，“新村民”在大城市郊区和生态环境较好的乡村发展迅速，有效改善了当地乡村基础设施建设、产业发展、村庄治理与人文环境。

以昆明郊区的大墨雨村为例，该村距离昆明市西山区政府所在地 20 千米左右，是一个拥有 600 多年历史的传统彝族古村落，至今仍然保存着彝族老寨和彝族传统习俗。村里的孩子几乎都会说彝族话。当孩子们到了一定的年龄，尤其是女孩，便会学习彝族传统的刺绣。大墨雨村良好的区域条件、民族文化和自然风光，近年来吸引了大量“城归”群体，其中一部分“城归”者最终选择留在村庄，成为“新村民”。目前，大墨雨村“新村民”人数接近 100 人，包括公益组织从业者、艺术家、建筑师、规划师、民宿经营者、学者、生态农人、自由职业者等不同身份、不同年龄阶段的人群。这些“新村民”与老村民混居，建立新的“邻里关系”，共同促进村庄建设。目前，该村乡村休闲旅游业发展迅速——新老村民共同发起的“创意乡街”，每逢周末迎来大量游客；村里的 80 多幢老房子，已经有 60 多幢被租了出去，原本趋于荒废的老村落重新热闹起来，不少知名艺术家、画家、设计师的工作室搬进了村。大墨雨村以自然生态的“永续生活”① 为理念，自然农耕、集体采购、快递代收、垃圾分类等工作逐渐有序，传统文化保护和传承与外来文化融合共生，使村庄生态环境、人文环境更加优化，成为实施“乡村振兴”战略的一个生动缩影。

---

① 拒绝农药、化肥、激素，而使用本地天然可循环的材料，尽量减少在日常生产生活中的能耗和污染，以自然循环的方式实现可持续的自给自足。

四、乡村人才回流机制构建

（一）乡村人才回流机制构建

事实证明，“城归”现象的产生，既体现了近年来国家助农惠农政策的成效，又标志着城乡发展进入一个新的历史阶段。“城归”为乡村振兴提供了重要人才来源，但如何让“城归”者真正留在乡村，成为乡村振兴的人才精英，发挥主观能动性，积极参与乡村建设发展，是构建乡村人才回流机制的关键，也是实现乡村人才振兴的首要任务。从“城归”与“新村民”之间的关系可以看出，乡村人才回流机制构建，包括两个重要的环节：一是如何使人才从城市向乡村逆向回流；二是如何使回流乡村的人才留在乡村，参与乡村建设发展（见图 6-1）。

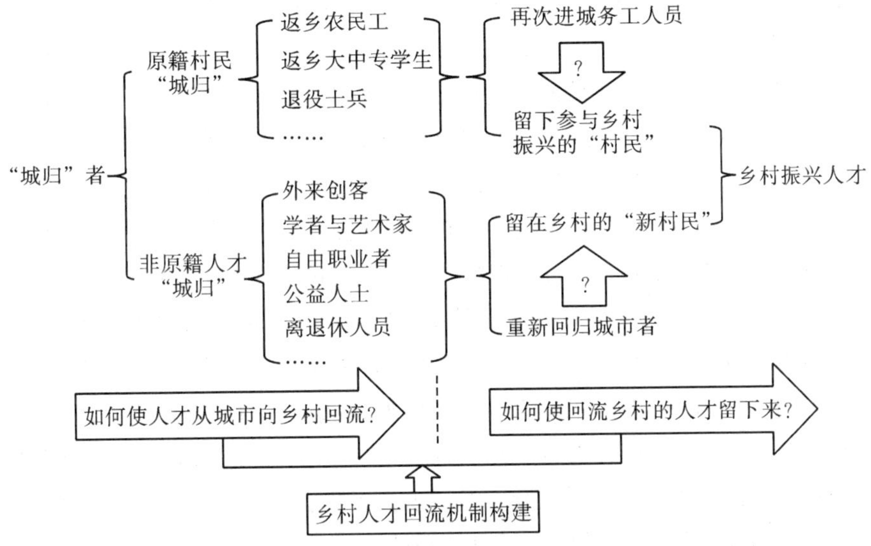

图 6-1 乡村人才回流机制构建关系图

（二）促进乡村人才回流的政策措施

近年来，我国在乡村实施大量惠农政策，乡村生产生活的软硬件条件得到较大改善，为“城归”回乡创业与生活创造了良好条件，使“城归”现象在很多地方成为一种常态。但调研发现，一些怀着美好期望回乡的“城归”者，由于现实问题，不得不离开乡村，选择重新回归城市。为此，本研究认为，当前构建乡村人才回流机制的重点应该放在第二环节上，即如何使从城市向乡村回流的人才自愿留在乡村，参与乡村建设发展。研究认为，乡村要想留住

“城归”者，必须加快推进乡村外部条件优化和内部人才制度建设。

1. 优化乡村外部条件

加强乡村规划与执行，促进乡村建设有序化。近些年，随着经济发展，村民收入水平提升，不少乡村的公共设施建设加快。但由于缺乏统一规划管理，很多村庄新增建筑的建设地点选择随意，建设风格各异，严重破坏了乡村原有风貌与自然生态环境，使乡村失去了原有魅力，难以吸引“新村民”进驻。为此，应该加强乡村整体规划，对乡村新增建筑地点、建筑风格、公共配套设施、产业发展等进行整体规划与布局，并严格执行，保护村庄生态环境与原始特色风貌。

完善乡村基础设施及配套。加强乡村道路、水电、网络等基础设施建设，完善停车、公共卫生、公共活动空间等配套，加强人居环境整治，优化乡村基础设施配套。针对当前制约“城归”人才留在乡村的教育和医疗两大问题，应与我国教育与医疗体制改革有效衔接。一是完善基层教育配套，加强村、乡镇与县级从幼儿园到高中阶段的教育对接，加强基层师资力量建设，提高基层教育水平，同时简化“城归”人才子女转学手续；二是加强完善省（市）、地州、县、乡镇、村五级医疗体系建设，完善医疗设施与医务人员配套，提高医疗水平，完善应急医疗反应与衔接机制，加快推进异地医保结算向基层延伸。

加快乡土文化资源的收集、保护与传承。选择从城市向乡村“逆向回流”的“城归”者，均怀有美好的乡土情结，因此，乡村的传统村落、老屋，以及承载着农耕文化记忆的乡村生产生活器具，传统节日与习俗等，成为其寄托“乡愁”的符号，也是留住他们的“隐形网”。当前乡村建设速度加快，乡村传统、乡土文化资源流失加速，若不加快乡土文化资源的收集、保护与传承，乡村将失去寄托“乡愁”的文化符号，也失去吸引与留住“城归”者的良好资源。故而各地乡村应加快乡土文化资源的收集、保护与传承，建立乡村农耕文化馆，收集传统农耕生产生活器具，保护传统民居与传统村落，传承传统习俗与饮食文化。

2. 创新人才内部制度建设

建立乡村共治共享理念。打破行政边界与户籍制度约束，建立乡村共治共享理念，使“新村民”可享受与原住民平等的义务与权利；邀请“城归”的村民与“新村民”参与村两委举办的各类学习活动，发挥其主观能动性，共同为村庄建设与发展出谋划策；支持“城归”中有能力、有魄力的人才积极参与村两委选举，赋予乡村组织重构新生的力量，提升乡村治理水平。

建立双重诚信体系。优化乡村诚信环境，强化基层地方政府与村民的责任意识、规则意识和集体意识，建立政府与村民的双重诚信体系。通过建立诚信数据库和诚信红黑榜等方式，强化对政府与村民的诚信约束。地方政府对乡村建设发展的政策落实要到位，对村民的承诺要兑现，对“城归”群体的困难要积极协助解决。老村民之间，新老村民之间，新老村民与外界之间，要以诚信为本。

建立人才长效培育机制。政府组织和村自主组织相结合，从政策制度、经营管理、文化理念、技术服务等多个层面，在新老村民之间定期开展培训学习与交流活动；引导新老村民在村庄内部、村庄之间、村庄与城市之间，建立多维对话机制，开展形式多样的宣传与交流活动，促进内外沟通与融合；强化金融工具创新，多模式扶持新老村民创业。

第二节　乡村振兴中农民的主体性回归

一、农民是乡村振兴的主体

改革开放以来，关于“农民主体”地位的研究一直受到学界关注。张旭（1996）在研究当时限制农业发展因素的时候，首次提出“农民主体论”，要打破工业、农业的隔离状态，让农民作为主体参与经济；王昀（1998）提出“农民是农业产业化经营的主体”，认为要在尊重农民首创精神的基础上推进农业产业化，但是他主要把农民置于农业初级生产者地位。2002 年，潘逸阳出版《农民主体论》一书，引起当时学界的关注。政府层面对农民的主体地位认知一般和农业生产紧密相关。2018 年，中央一号文件提出乡村振兴战略，明确肯定农民在乡村振兴中的主体地位，要求必须“充分尊重农民意愿，切实发挥农民在乡村振兴中的主体作用，调动亿万农民的积极性、主动性、创造性，把维护农民群众根本利益、促进农民共同富裕作为出发点和落脚点，促进农民持续增收，不断提升农民的获得感、幸福感、安全感”。2018 年 4 月，习近平总书记在湖北视察时强调，“乡村振兴不是坐享其成”，要“把政府主导和农民主体有机统一起来，充分尊重农民意愿，激发农民内在活力，教育引导广大农民用自己的辛勤劳动实现乡村振兴”。同年 9 月，中共中央、国务院印发《乡村振兴战略规划（2018—2022 年）》，再次将“坚持农民主体地位”列为战略规划的基本原则，要求各级政府“尊重农民意愿，发挥农民在乡村振兴中的主体作用”。这些政策文件，体现了党中央对“坚持农民主体地位”的重视，也肯定了农民是乡村振兴的主体。坚持乡村振兴中农民的主体性，应保障农民在乡村振兴中具有知情权、参与权、表达权与监督权，能以“主人”身份积极参与，主动作为，并享受乡村振兴带来的社会与经济福利。

二、坚持农民在乡村振兴的主体地位需要明确的三个问题

明确坚持农民主体地位，是正确推进乡村振兴战略的前提。但作为主体的农民，在乡村振兴中发挥主体性作用，还需要明确三个问题。第一个问题是：发挥主体作用的农民的范围是什么？

在我国，“农民”一般是指户籍制度中具有“农业户口”的群体，是过去“长期居住在农村，从事农业生产的人”。随着社会分工与人口流动，我国成年农民逐渐分化出不同类别。一是传统农民，即仍居住在农村，从事以满足家庭食物消费为主的家庭农业生产经营者。这类农民多为留守农村的老弱病残者。二是新型职业农民，即专职从事商品性农业生产，以适度规模经营为主，以农业生产经营为事业和收入来源的农民，包括新型农业经营主体与农业工人，他们是农业生产经营中的“精英人才”。三是兼业农民，即既从事家庭农业生产，又利用农闲时间从事务工经商等兼业活动的农民，其生产的农产品以满足家庭消费为主，家庭收入主要来自非农兼职。四是“农民工”，即流入城市，靠知识技能和劳动力获取工资性收入的务工农民。五是农民中的商业精英，即不再从事农业生产经营，居住在城市或农村，以从事商业经营为主的农民个体户和企业主。

针对上述不同的农民群体，哪些是能真正在乡村振兴中发挥主体性作用的？关于这个问题，学界主要有两种代表性观点：一种观点没有对农民进行分类，认为乡村振兴的主体是亿万农民（杜俞瑾，2018；陈文胜，2018）；另一种观点认为，中坚农民是支撑乡村振兴的新主体，主要指上述分类中的第三类农民（杨磊 等，2018）。本研究认为，上述五类不同农民群体，都是乡村振兴的主体，都能在乡村振兴中发挥主体性作用。乡村振兴，不仅包括产业振兴，还包括乡村人才振兴、乡村文化振兴、乡村生态振兴和乡村组织振兴。因此，不管是传统农民，还是兼业农民、新型农民等，都能在乡村振兴不同领域发挥主体性作用。这是坚持农民主体地位需要明确的第一个问题。

坚持农民在乡村振兴中的主体地位，需要明确的第二个问题是：农民是否

具有发挥主体性作用的积极性和能力？自从党的十九大报告提出乡村振兴战略以来，除了一些贫困村镇还把工作重心放在脱贫攻坚工作外，我国不少地方基层工作已开始转向乡村振兴。但在推进乡村振兴进程中，却普遍存在农民的主体性作用发挥不足的现象，这与农民自身意识和能力有关。

首先，农民对乡村振兴认识不足，参与乡村振兴的意识不强。改革开放以来，在城市化建设劳动力需求刺激与农业高风险低效益的双重作用下，农民从事农业生产积极性下降，大量农村劳动力流出农村，在劳务经济和其他非农领域获取远高于农业生产的收入。近年来，我国助农惠农政策力度加大，吸引了部分农民回归乡村，特别是乡村振兴战略的提出，给对乡村充满感情的农民带去了新的希望。但只有部分具有良好资源条件和强有力带头人的村庄，能真正抓住政策机遇，激发农民积极性，共同建设乡村振兴"明星村"，而大部分村庄，乡村振兴仍然还在探索阶段，很多农民出于收入、教育、生活条件等因素考虑，仍持续向城市流动。此外，农民自身存在"各人自扫门前雪"的思想和"等、靠、要"的依赖心理，以及做事随意、盲目、跟风等特点，这使不少农民更愿意等着政府给予各种优惠政策，而缺乏主动参与乡村振兴的积极性。

其次，农民参与乡村振兴的能力不足。乡村振兴建立在现代科技基础上，需要"构建现代农业产业体系、生产体系、经营体系，完善农业支持保护制度，要发展多种形式适度规模经营，培育新型农业经营主体，健全农业社会化服务体系"，要求农民具备进行现代化农业生产的技术和能力，懂技术、能经营、会管理，有参与合作的能力，以及防范和抵御风险的能力等。但当前我国大量农民的知识和技能却达不到乡村振兴需求，我国分散化小规模经营模式，使农户生产能力和经营意识不强，抵御市场风险与自然灾害的能力较弱，掌握实用生产技能种类少、水平不高。特别是农业从业者日趋老龄化，他们通过新型信息技术手段获取农业科技信息的能力不足，对新的农业科技的接受能力弱。而在资本控制的农业规模经营模式中，普通农民只是另一种形式的"打工者"，缺少系统学习现代农业科技的空间。此外，乡风文明建设、乡村治理同样需要农民提升综合素质和能力，具备明辨是非和文化选择的能力。但随着乡村传统熟人社会互帮互助的生活模式向市场交换模式转变，传统乡村稳定的社会结构迅速瓦解，而新的信任机制却难以建立起来。乡村传统文化在外来文化冲击下四分五裂，乡村传统伦理价值观遭遇挑战，新的乡村文化价值理念尚未建立，这使大多数农民在综合素质与能力方面难以满足乡村振兴需求，也难以真正在乡村振兴中发挥出主体作用。

坚持农民在乡村振兴中的主体地位，需要明确的第三个问题是：是否有农民发挥主体性作用的外部政策环境？就现有公共政策看，我国无论是城镇化政策，还是城乡融合政策、乡村振兴政策，都是以政府为主导的政策供给。多年来，我国的政策体系主要偏重于城市化发展，尽管近年来，国家政策开始转向“三农”，但长期以来形成的城市偏向政策的俯冲效应仍在持续，在未来的一段时间内，在新型城乡关系塑造过程中，促进农民市民化仍是一些地方政策的导向。乡村振兴战略提出以来，与之相关政策逐渐出台，但一方面政策尚未完善，另一方面政策在短期内还未能充分发挥效应，故此很难改变城乡资源流动方向。当前乡村的外部政策环境，对促进农民发挥主体性作用的影响力还比较薄弱。推进农民在乡村振兴中发挥主体性作用，必须赋予农民在乡村振兴中的知情权、主导权、参与权、表达权、受益权等权利。但在实践中，不少地方在制订乡村振兴规划时，更多的是根据政府定位、领导意志、专家意见、少数村民代表的想法等，很少真正尊重村民的知情权与参与权，让村民对本村的乡村振兴建言献策，使本应该是“主人”的村民，在本村的乡村振兴上“说不上话”。同时，乡村振兴的政策制度，特别是保障农民权益的政策制度不完善，如农村金融政策、土地政策、社会保障政策、粮食政策、人才政策、集体股权制度等，与乡村振兴的实际需要还有距离。因此，从这个层面来说，当前我国乡村振兴政策制度体系尚不完善，在一定程度上制约了农民在乡村振兴中发挥主体性作用。

可见，农民在乡村振兴中未能真正发挥主体性作用，既有农民自身的原因，又有外部环境因素的影响。当前，不少地方在推进乡村振兴进程中，出现了“政府在前、资本跟随、农民靠后”的现象，即以政府政策和项目投资为引，撬动资本下乡，激活乡村土地与劳动力资源，推动产业发展与农民数量增收。从长远看，这种推进乡村振兴的方式，在乡村振兴的前期阶段，有利于快速推动激活农村资源，推动产业发展与农民增加，但随着乡村振兴全面推进，这种方式却可能引起一系列问题和争议。第一，推进乡村振兴，必须清醒认识到农民才是乡村振兴的主体，是乡村振兴的建设主体、参与主体和受益主体。在“政府在前、资本跟随、农民靠后”的乡村振兴方式中，大多数农民只能租赁土地或入股，以“打工”的方式参与产业发展。面对资本的强势，农民对产业发展和收益分配均缺乏话语权，长此以往，农民只会成为乡村振兴的“打工者”“旁观者”，而不是“主人”，这将使农民参与乡村振兴的积极性与主动性下降。第二，这种推进乡村振兴的方式对政府财政投入依赖过大，政府财政投资和招商引资政策，是引导资本进入乡村振兴的关键，不少地区在推进乡村振兴示范村建设中，需要大量的财政资金投入，以完善基础设施建设，优化工商资本投资环境。在推进乡村振兴前期，这种针对示范村的投入，能起到示范引领作用，但随着乡村振兴的全面推进，对政府资金需求的加大，必然加大政府财政压力。第三，这种推进乡村振兴的方式风险较高。工商资本的本质是逐利的，工商资本下乡，除了面临农业的自然与市场双重风险，还面临农村劳动力数量不足、质量不高、劳动力成本高等问题。一旦企业退出以工商资本为主的大规模流转农村土地、规模经营的村庄，必然对当地农业农村发展造成不可估量的损失。特别是针对可能对土壤土质有一定影响的农业产业，资本撤离后遗留的土地恢复工作，将会增加政府工作和社会矛盾。此外，工商资本的逐利，必然使其和农民利益存在博弈，农民有被资本逻辑支配的风险，这可能导致农户利益受损，政府投资对促进农民增收的效应降低。故此，推进乡村振兴，保障农民权益，应真正发挥农民主体性作用，以“政府引导、农民主体、资本助力”的方式，推进乡村振兴。

三、推动乡村振兴中农民主体性作用的发挥

（一）重塑乡村文化，培养农民主体性意识

要培养农民主体性意识、挖掘优秀乡土文化，就要重塑乡村文化体系，完善农家书屋、乡村文化室、文化广场等公共文化平台与设施建设，完善村规民约，组建乡村文化团体，丰富乡村文化活动等，恢复乡土熟人社会的邻里互助关系。还要把乡村文化培育、乡村振兴和农民文化素质提升有机结合起来，用乡土文化促进农民文化素质提升，用农民文化素质提升来激发、提炼和升华乡村文化底蕴，实现农民文化素质与乡村文化建设的共生发展。发扬乡土文化的向心力和感召力，强化农民群众的“家园意识”，能使进城农民工和“城归”在村里找到“乡愁”，把村庄当作自己的村庄、把自己当作村庄的主体；能使留守村民找到乡村振兴的认同感与责任感；能使所有农民以主人意识，通过不同形式共同参与家园建设。加强乡村振兴战略理论与政策宣传，使农民群众明白乡村振兴与自己的切身关系。增强农民的主体性意识，把乡村治理权交给农民，推动农民全领域、全方位、全过程地参与乡村治理，通过落实和完善村民自治制度、村务管理和监督制度，培养农民有序参与意识；通过村民会议、村民代表会议等公共平台和私下走访等多种形式，让农民行使话语权，说出真心

话，促使农民主动参与到乡村振兴中来。

（二）加强教育培训，提升农民发挥主体性作用的能力

构建以公益为主、市场为辅的农民培育体系，建立农民常态化教育培训制度；创新农民教育培训形式与内容，推进传统培训与现代信息技术远程教育相结合；采取“自下而上”和“自上而下”双向原则，兼顾农民的实际需要和政府的培训目标，“以需定培”；重视理论与实践的有机结合，科学制定理论与实践课的教学比例，提升培训效果。在培训方向上，重点加强三个方面的能力培训：

一是培育农民群众的农业科学文化知识与技能。立足当前农业农村发展形势，根据农业现代化和农业智能化的需要，培育提升农民对农业新品种、新技术的接受程度，学习更多农业产业布局、产业生产技术、农业生产模式、农产品开发等方面的知识与技能，提高现代农机设备的认识，特别是提升职业农民掌握现代农机设备的使用操作、维修与保养的基本技能等，拓宽普通农民与农业协会、农业科研院所的联系沟通渠道，使农民能及时了解农业科技成果新成果的实验推广情况。

二是培养农民群众的经营管理能力。培养提升农民对农业新业态的认识与经营管理能力；培养提升农民的市场适应能力和对市场信息的获取与及时反馈能力，促进农民及时根据市场信息调整农业生产，降低市场风险；培养提升农民通过网络销售平台进行农产品销售的能力；培养提升农民通过土地、农房、劳动力等资源入股企业和合作社，获取增值收益的新思维与谈判能力。培养农民群众的经营管理能力，能够让其向新型职业农民的角色转变，并在新型职业农民中，培育优秀村干部、致富带头人、农业专业合作社骨干、乡村土专家等，引领现代农业发展。

三是培养农民群众的组织合作能力。培养农民的集体意识与合作能力，提高农民的组织化程度，加快集体经济改革，推动乡村集体经济组织发展壮大，鼓励多种形式的农民合作社发展，支持专业性社会组织进入乡村，引导、扶持和组织农民走合作化道路。积极培育具有合作精神的农民企业家，发挥其在推进合作社制度创新、合作制度表达与合作制度实践等各个方面的引领作用，带动普通农民跑团发展。

（三）完善政策体系，塑造农民发挥主体作用的外部环境

改革开放以来，我国农民在获得巨大发展的同时，也面临竞争能力弱化、基本权利缺失、社会地位与政治地位下降的“弱势化趋势”（毛安然，2019）。

在城乡二元结构下，城镇的社会保障、社会福利、公共服务和教育资源普遍优于乡村，农村居民和在城市务工的农民工都难以享受与城镇居民同样的保障。社会保障和社会福利体系赋予了个体最基本的生存和发展的基础权利，良好的公共服务为个体发展提供良好的外部环境。推进乡村振兴，应不断完善政策体系，逐渐改变城乡政策差异导致的城乡居民权利和义务不同。完善公共政策体系，激发农民在乡村振兴中的主体作用，应在政策价值、兜底政策和增益政策等三个领域给予重视，不断优化乡村外部环境。

一是注重以人为中心的政策价值取向。乡村振兴政策制定的价值取向应注重以人为本，以农民为中心，使农民过上具有尊严感、成就感和幸福感的生活。为此，应推进基本公共服务均等化，加大对乡村公共服务、基础设施的投入；改革现有财政体制，按照城乡公共服务和基础设施均等化要求进行财政配置；落实农民与城镇居民同等的公民权。应加快赋予农民承包地、林地、农房等资产完整清晰的产权、交易权和获益权，探索更多乡村资源进入市场、进行交易的制度设计，赋予农民变农村资源为财富的权利。应制定保障市民化农民农村权益保障制度，制定鼓励市民下乡参与乡村振兴的相关政策，赋予农民与市民进城（留城）或留乡（下乡）的选择权，构建城乡人口流动的顺畅机制。无论是农民进城还是市民入乡都应成为一种发展的常态。

二是提升乡村社会保障政策供给。加快推进城乡同等的社会保障体制建设，使农民与城镇居民在教育、医疗、养老等方面享有同等权益，尤其要加快完善农民关注的养老、子女教育、医疗卫生、住房保障等政策体系，探索建立与乡村经济发展水平相适应、与其他保障措施相配套的乡村养老保险制度、最低生活保障制度，切实为农村留守老人、留守儿童、残障人士等提供基本保障服务；加强乡村基础教育投入，进一步优化乡村教育资源配给，规范、引导教育资源向乡村倾斜，在坚持做好九年义务教育的基础上，力争做好学前教育、中高等教育和职业技术教育；增加乡村卫生事业投入，提高乡村医疗服务水平，切实解决农民看病难、看病贵、看病远的问题。提升乡村社会保障政策供给，优化农民回乡留乡务农创业生活环境，减少农民后顾之忧，促进其主动参与乡村振兴。

三是构建促进农民创业增收的政策体系。完善财税、信贷、保险、用地、项目支持等政策，鼓励农民创新创业，发展家庭农场、农民合作社、农业企业等新型农业经营主体，培育专业大户。加大农产品初加工设施补助、关键技术推广、休闲农业示范创建等政策向农民创新创业倾斜的力度。完善乡村农民创新创业服务平台建设，为创新产业提供政策、技术、交流、合作等服务。优化农村金融环境，落实县域金融机构涉农贷款增量奖励政策，加大对“三农”金融服务的政策支持。完善涉农贴息贷款政策，降低农户和新型农业经营主体融资成本。规范发展农村合作金融，引导成立多种形式的农民资金互助组织，有效提升农户小额信贷可得性。推进农村信用体系建设，健全农户、农民合作社、农村小微企业等信用信息征集和评价体系。建立健全农业保险保障体系，扩大农业保险范围，提高保险额度，鼓励各地区因地制宜开展特色优势农产品保险试点工作，探索发展适合农业农村特点的农业互助保险组织。

第七章　乡村振兴背景下农旅融合的发展理念与发展思路

第一节　乡村振兴背景下农旅融合的发展理念

乡村振兴背景下，推进农旅融合，应创新发展理念，以“两山”理论为前提，以全域旅游理念为重点内容，以永续发展理念为主要目标，推进农旅融合健康可持续发展。

一、“两山”理论

“两山”理论，即“绿水青山就是金山银山”，是习近平生态文明思想的核心内容之一。2005 年 8 月，时任浙江省委书记的习近平同志在浙江安吉余村考察时，首次提出“绿水青山就是金山银山”。此后，习近平总书记在讲话中多次提到“两山”理论。“绿水青山”和“金山银山”，是习近平总书记在论述我国经济发展与生态环境保护之间的关系时多次使用的两个概念。绿水青山喻指人类永续发展所必须依靠的优质生态环境，它是自然本身蕴含的生态价值、生态效益；金山银山则喻指人类社会以物质生产为基础的一切社会物质生活条件，它是人类开发利用自然资源过程中产生的经济价值、经济效益。

在我国经济社会发展进程中，我们必然会面临绿水青山和金山银山的两难选择，也出现过为金山银山而牺牲绿水青山的惨痛教训。随着我国经济社会发展进入新阶段，我们必须摒弃以牺牲自然生态来谋取经济一时增长的发展观念与做法。这些年，我国休闲农业与乡村旅游发展迅速，其在农村经济中所占的份额越来越重。但伴随乡村旅游业的发展，许多传统村落面临过度商业化、传统建筑损坏、本土文化丧失、环境污染加剧等问题。这些问题使绿水青山蒙尘，反过来影响了乡村旅游产业的发展。如西南地区有的乡村对稻作梯田进行旅游开发，由于游客和客栈数量增多，用水量增加，从而减少和分散了山上涵养并自流到山下梯田的水量，导致有些梯田开始出现旱化。同时，人流增加也使生活污水与垃圾增多，但乡村垃圾处理方式和处理能力落后，加大了乡村生态环境保护压力。推进农旅融合发展，必须坚持“两山”理论，高度重视乡村生态资源保护与生态环境建设，优化美化绿水青山，才能依托绿水青山的生态资源优势，发展乡村休闲旅游产业，使生态资源实现价值转化，产生经济价值和经济效益，实现金山银山。

二、全域旅游理念

全域旅游，是指在一定区域内，以旅游业为优势产业，通过对区域内经济社会资源，尤其是旅游资源，以及相关产业、生态环境、公共服务、体制机制、政策法规、文明素质等进行全方位、系统化的优化提升，实现区域资源有机整合、产业融合发展、社会共建共享，以旅游业带动和促进经济社会协调发展的一种新的区域协调发展理念和模式。“全域旅游”是空间全景化的系统旅游，其本质特征主要体现在全局性、空间性、带动性、整合性和共享性五个方面。全域旅游理念强调把整个区域作为旅游区进行打造，把全域作为旅游发展的载体和平台，使旅游成为常态化生活方式；从全要素、全行业、全过程、全方位、全时空等角度推进旅游产业发展，实现旅游景观全域优化、旅游服务全域配套、旅游治理全域覆盖、旅游产业全域联动和旅游成果全民共享。

乡村振兴背景下，推进农旅融合发展应遵循全域旅游理念，不再着眼于一点、一景、一业的旅游发展，而应以一定的空间区域，如农业园区、自然村落、村庄群、乡镇、县域等空间范围，进行农旅融合开发，通过公共资源、公共设施和公共服务的开发建设与共享，实现旅游景观全域优化、旅游服务全域配套、旅游治理全域覆盖、旅游产业全域联动和旅游成果全民共享。我国台湾地区的休闲农业的发展，就经历了从一个观光农园点，到休闲农场，再到休闲农业区这样集中连片区域打造的演变发展过程。我国休闲农业与乡村旅游，也经历了从早期一个一个的农家乐，到大一点的休闲观光农场，再到乡村旅游的片区开发这样一个逐渐发展的过程。但总体而言，我国的休闲农业与乡村旅游发展，受不同的投资经营主体自发选择影响，其发展与分布仍然呈现出分散化和规模小的特征，这使相应的旅游配套设施很难完善。对于投资经营主体，景区外的公共设施建设依靠政府，但对政府而言，往往很难大量投资一个景点以改善基础设施。以全域旅游理念推进农旅融合发展，可以使旅游空间从零散的点，到系统的区域，并通过设施配套全要素、产业全方面、旅游全过程来优化农旅产业链，实现农业、农村、农民与旅游的深度融合，促进农旅双赢。

以全域旅游理念推进农旅融合发展，应注意几个问题。一是要把握好“全域”的范围，可能是一个自然村，一个行政村，也可能是一个村庄群，一个乡镇，甚至一个县。“全域”的范围既受自然资源禀赋约束，又受行政资源影响，应该因地制宜，因策制宜。二是要充分理解全域旅游的理念内涵。全域旅游发展重点在“域”，而不是“全”，是依托“域”打造“域”，而不是到处搞旅游开发、到处建设景区景点。全域旅游强调的是公共服务体系建设，突出合理布局和保护性开发，应做到到处是风景而非到处是景区景点，到处都有接待服务而非到处都是宾馆饭店，真正做到该保护的地方要保护，可开发的地方要适度开发。在“全域”内，应根据区域位置与资源禀赋条件，仔细规划部署主次空间，使一些“域”成为景区中心，另一些“域”成为为景区提供有机食材、手工艺品、食宿等的“配角”。三是全域旅游不是全面同步建设，也不是同一模式。全域旅游应注重区域协调、统筹建设，要求协调好旅游与社会经济其他部门，旅游区与生态区、文化区等的关系，使得区域内的建设有空间层次和时间序列。同时应该根据各地自身资源特色，积极探索发展个性化发展模式。

三、永续发展理念

“永续发展”一词，最早是由世界自然保护联盟（IUCN）、联合国环境规划署（UNEP），以及世界野生动植物基金会（现已更名为世界自然基金会，WWF）三个国际保育组织在1980年提出的。1987年，联合国环境与发展世界委员会（WCED）在《我们共同的未来》报告中，正式定义“永续发展”，认为“永续发展”是指满足当代的需要，同时不损及后代子孙并满足其需求的发展。这一定义被官方采用。永续发展理念建构在环境保护、经济发展以及社会正义三大基础上，以自然资源的永续利用和良好的生态环境为基础，以经济的永续发展为前提，并以谋求社会的全面进步为目标，在看似冲突的经济、环境以及社会这三个方面向上寻求动态永续的平衡。经济发展必须与地球环境的承载力取得协调，保护好人类赖以生存的自然资源和环境，并在发展的同时兼顾社会公理正义，才能使人类能够永续发展。

乡村振兴背景下，推进农旅融合发展应以永续发展理念为目标，加强乡村自然资源与生态环境保护，以可循环方式推进生态资源的永续利用。在保护乡村生态资源、文化资源与环境可承载能力的前提下，通过“农业产业+乡村旅游”双轮驱动，促进乡村经济社会全面可持续发展。在此过程中，要兼顾乡村社会的公平正义，特别要尊重农民的意见，保障农民的财产权、分配权、知情权、参与权等权益，使农民成为乡村永续发展的主体和受益者。

第二节　乡村振兴背景下农旅融合的发展思路

乡村振兴背景下，推进农旅融合，应转变农业生产经营方式，把农业生产功能从提供农产品向满足市民的物质和精神双重需求上转变，使农业生产在服务休闲旅游、美化乡村景观的基础上，保障产量与品质；应转变农村发展方式，使农村环境与公共服务配套更适应乡村旅游发展需求；应转变农民身份，使农民成为乡村旅游的一部分。推进乡村振兴，发展农旅融合，主要通过“四变三结合五方向”。“四变”，即推进田园变公园、农村变景区、农房变民宿、农产品变旅游地商品；“三结合”，即推进农业、农村与农民三者通过旅游产业链实现紧密有机结合；“五方向”，即未来农旅融合重点向生态绿色农产品、科普教育、休闲娱乐、养生养老、传统文化等五个方向发展。

一、“四变”

推动“田园”变“公园”，要以休闲观光农业发展为目标，依托特色农业资源和生态资源，发展农业主导产业优势，优化田园产业布局，扩大集中连片产业规模，美化田园景观，提升主导产业田间观赏价值；完善田间道路等基础设施，配套建设田园休闲旅游服务设施，提升田园休闲旅游服务质量；拓展经营思路，探索多形式种养结合模式，丰富田间旅游互动体验活动，提升田间旅游趣味性。积极打造休闲农业观光区、田园综合体示范区、农旅精品旅游线路等景区景点，推动“田园”变“公园”，使公园式的“田园”成为人们休闲旅游放松的新选择。

推动“农村”变“景区”，要以美丽乡村建设为目标，以人居环境整治为契机，以全域旅游理念为支撑，坚持全域有序化、全域洁净化和全域花园化，加强乡村建设规划布局，实施域内环境整治，开展道路美化、庭院美化、古迹保护等行动，增加乡村旅游观赏性；要加强对优秀乡土民俗文化、民族文化、历史文化等的挖掘、保护和开发，推进乡土文化回归，重塑乡土文化内涵，进一步提高乡村品位；要加强村庄治理，完善乡村旅游设施配套和服务，提升乡村旅游接待能力与水平。这样才能高水平推进美丽乡村精品村、示范村、美丽风景线等的创建，打造“远距离青山美、中距离田园美、近距离村庄美、零距离体验美”的生态宜居宜游美丽乡村。

推动“民房”变“民宿”，要以区域民宿品牌共建为载体，推进民宿产业发展，把民宿产业作为乡村旅游产业发展的重要环节来整体布局推进；要通过“内培村民，外引资本”的方式，灵活开发利用村民闲置农房，打造具有乡土特色、艺术特色、民族特色的民宿庭院，把农民果园里、菜园里的新鲜果蔬直接搬上游客的饭桌，使农民在家门口就能吃上“旅游饭”；同时，要在不破坏原有风貌和文化内涵、不影响文物价值的基础上，开发性地保护利用一些有特色、有文化、有内涵的乡村老建筑，打造地方特色民宿项目；要依托民宿产业，开发具有地方特色的乡村旅游伴手礼，引导地方特色手工艺品通过民宿平台进行宣传与销售，通过区域民宿品牌共建，推进民宿产业集群、古村落社区、慢生活社区等建设。

推动“农产品”变“旅游地商品”，要打造地方特色农产品品牌，培育地理标志农产品和地理标志旅游商品，推动地方“农产品”向“旅游地商品”转变；要依托地方主导产业和特色产业，培育一批新型农业经营主体，筛选一批有一定规模、有明显特色、有品质保证的农产品；要推进农产品创新创意开发，按照“便携化、创意化、个性化”的要求，通过对人文传说、历史典故、生态山水、农耕文化等元素的深度挖掘，将农产品与当地农耕、膳食等文化相结合；要加强旅游地商品的质量检测与管控，健全旅游地商品营销体系，在域内景点、民宿、车站、道路、旅游服务中心等设立具有统一风格、统一标识的产品品牌宣传标志，设立旅游地商品购物点。

二、“三结合”

推进农业、农村与农民三者通过旅游产业链实现紧密有机结合，激活“三农”旅游资源要素（见图 7-1）。

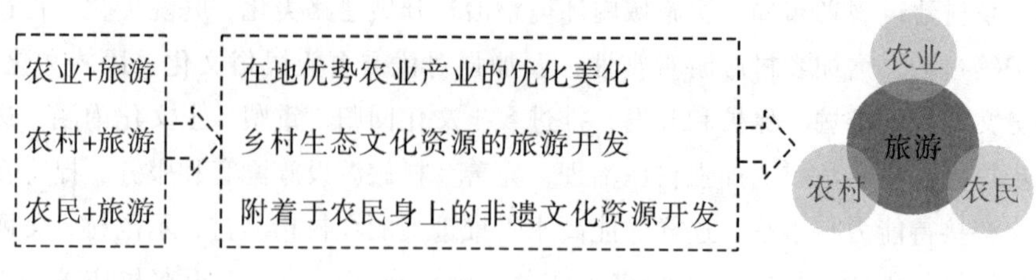

图 7-1 “三结合”

农业、农村和农民，是农旅融合模式的核心资源要素。“农业+旅游”，主要对在地优势农业产业进行优化美化，依托农业景观打造休闲农业；“农村+旅游”，主要对乡村生态和文化资源进行旅游开发，以村庄为核心打造乡村旅游；“农民+旅游”，主要对附着于农民身上的丰富的非遗文化资源进行开发利用，活化非遗文化遗产，使农民本身成为旅游资源的一部分。农业、农村与农民这三个核心资源要素，通过旅游产业链串联起来，形成农旅产业有机体，它们既可以在旅游产业链的某一个环节，单独与旅游业结合，又可以相互交叉，贯穿旅游全产业链，丰富农旅产业的形式与内容。

三、“五方向”

发展绿色生态农产品。农旅融合发展，要强化生态保护，在农业生产过程中减少农药化肥对环境的破坏；要满足对农事体验和农耕文化传承的需求，农业生产过程既要生态健康，又要展现自然农耕模式；要保障食材新鲜健康安全，要求产品生产过程可见，产品安全可追溯。因此，推进农旅融合发展，应转变农旅融合项目区的农业生产方式，推行全域绿色发展，制定地方绿色生态农产品生产标准体系，实行农产品的源头追溯和产地准出制度，从源头上遏制农药和化肥的销售和使用；应通过建设“绿色生态田园”、打造“绿色生态农产品品牌”，促进农业绿色生产方式与休闲旅游产业发展有机结合、循环发展，使绿色农业生产基地转化为游客休闲体验基地、农产品转化为旅游地商品，从而形成一批高品质、上档次的特色农旅融合基地。推进绿色生产，是农旅融合发展的基础，国内一些地区已认识到绿色发展的重要性。如青海省提出要打造全域绿色生态农产品基地，浙江省龙泉市提出全域创建绿色生态田园，河南省平顶山市坚持绿色发展理念、实施全域生态循环农业。

强化农业科普教育功能。强化农旅融合发展中农业科普教育功能，将农业发展和科普教育有机结合，以展示农业科学知识（如动物、植物生长过程），农耕历史文化，生态、环保等自然知识。同时，还可设计具有互动性、参与性、趣味性、知识性的参观体验活动，使城市居民，特别是儿童、青少年学生，轻松接受农业科学知识、了解科学方法、体会科学精神。随着城市化进程加快，农业离城市生活越来越远，城市居民，特别是城市里的中小学生很少有机会直接接触农业，他们了解现代农业知识的渠道不多，对农业的认知极其薄弱。未来农旅融合发展，应兼顾知识传播与休闲娱乐双重功能，以儿童、青少年学生及对农业知识、自然科学知识感兴趣的城市游客为主要服务对象，加强少儿农业教育基地、农业博览园、农业科技生态园、农耕文化展览馆、农业产品展览馆等农业科普教育项目的建设。这不仅有利于促进儿童和青少年学生对于农业文化知识的了解，激发和培养其对农业的兴趣和爱好，还可以发挥自然农业的环保功能，推进生态环境的保护和改善。

创新农旅融合的休闲娱乐形式。日趋扩大的城市规模和快节奏的城市生活，使城市居民对户外休闲娱乐需求增加。乡村清新的空气、优美的田园风光、淳朴的民风、悠闲的生活方式、新鲜的瓜果蔬菜，吸引着越来越多市民“下乡”，每逢周末和节假日，流连忘返于乡村田野的市民增多，休闲农业与乡村旅游市场逐渐成熟。随着市场发展，游客消费需求也呈现出多元化与个性化，这就要求农旅融合不断挖掘传统农耕文化，创新休闲娱乐形式与内容，既要立足地方产业基础、生态特点、资源优势等，打造既体现原生态风味，又凸显资源特色与个性化需求的农旅项目，又要结合当地民俗文化、红色文化、非遗技艺等，针对客户的个性化需求，开发出多元丰富的乡土文化旅游产品和服务。如“市民农园”合作模式，就使消费者共同参与农业投资、生产、管理和营销等各环节，使他们与农民紧密联结，体验和参与农业经营和农事活动。

突出农旅融合的养生养老功能。随着我国人口老龄化加剧，养生养老产业市场空间增大。有数据显示，2000 年，我国 65 岁及以上人口比重达到 7%，社会进入老龄化①。2010 年，我国第六次人口普查结果显示，我国 65 岁及以上人口占 8.87%，比 2000 年上升 1.91 个百分点。到 2018 年，我国 65 岁及以上人口比重达到 11.9%，比 2010 年上升 3.03 个百分点。人口老龄化程度持续加深。推进农旅融合与养生养老的有机结合，要加强对目标市场的细分，充分

---

① 根据 1956 年联合国《人口老龄化及其社会经济后果》中提出的标准，当一个国家或地区 65 岁及以上老年人口数量占总人口比例超过 7%时，则意味着这个国家或地区进入老龄化。

发掘老年人的内在养生需求，建立老年人养生养老服务体系，以季节性疗养、度假式康养、田园式养老服务等为主题，积极探索养生养老新模式，推进养生养老基地的建设。在此基础上，还应完善设施配套，提高养生养老基地食宿、健身、休闲、护理、疗养等服务水平，加强基地外部环境优化，充分利用农业资源服务养生养老产业，为养生养老提供健康食材、优美环境。

加强传统农耕文化的传承与活化。传统农耕文化是中国乡村社会几千年赖以存续的精神基础，也是乡村旅游吸引城市居民的主要因素之一。当前农旅融合项目一般通过农耕文化馆、乡愁记忆馆等，展现各时期生产工具、生活用品、生产方式等，辅以文字、图片、视频等解释说明，使旅游者了解农耕文明的变迁；或通过非遗歌舞表演和非遗技艺产品开发，服务乡村旅游。这种以服务旅游为目的的浅层次文化开发，比较容易被同质化或“异化”，失去文化本质内涵。传统农耕文化，首先是文化，其次才是可开发的旅游资源。深度推进农耕文化的传承与活化，应使文化回归本质，真正融入地方农业农村生产生活中，使具有地方特色的农耕文化成为乡村的内核，再通过生产再现、产品开发、技艺活化体验等方式进行旅游开发，增强游客参与度，使文化技艺融入“体验式”旅游，实现旅游模式与农耕文明契合发展。如浙江何斯路村的黄酒文化，传承于村民的传统习惯。黄酒文化本身就与村民生活紧密融合，是村庄饮食文化的一部分，在此基础上，再开发与黄酒文化相关的节庆活动、参观体验活动，就能使黄酒文化比较迅速地成为该村的文化符号和旅游特色项目。

第八章 农旅融合的投资主体与不同效应下农旅融合的实践模式

第一节 农旅融合的投资主体

当前中国农业投资主体主要包括政府、集体、企业、个体四大类。

政府是推进农旅融合发展的重要投资主体，其通过公关财政预算支出，投资农业农村领域的公益性、基础性建设项目。政府对农业农村的投资，在很大程度上是无偿和微利投资，如对农村道路水电等基础设施建设、农田水利基本建设、农业科研教育等的投资。政府对“三农”领域的投资活动，追求的是社会效益最大化和整个农业农村的持续、稳定、健康发展，使农业农村的发展和国民经济的发展相协调。

集体，这里主要指农村集体经济组织，是集体所有制的实现形式之一，是除国家以外对土地拥有所有权的唯一的经济组织。农村集体经济的代表人是村民委员会，农村集体的经济活动由村民委员会决策和执行；有的地方经过集体经济改革，由集体经济经营实体，如公司、村股份经济合作社等。集体投资，具有和政府一样纠正“市场失灵”，为农业生产者提供公共产品和服务的义务和责任。村集体投资，还有壮大农村集体经济、使村集体财产增值的目的，村集体经济的投资能力，受集体经济发展水平的制约。

企业投资“三农”是为了投资利润最大化。但由于农业生产周期长，农业投资主体要面临自然风险和市场风险，加之农业投资收益较低，因此企业投资“三农”领域比较谨慎。很多企业投资农业，一般与农户建立可靠的利益联结机制，通过“企业+合作社+农民”“企业+基地+农民”等方式运营，不仅可以将企业的技术和市场优势与农户的生产经营紧密地联系起来，在一定程度上降低管理运营成本，而且能够确保企业原材料供应的数量和质量，保证向市场提供有竞争力的优质产品。

投资“三农”领域的个体，主要包括农户和外来投资个体。随着城市化进程加快，大量农村人口向城市转移，但有研究发现，我国目前从事农业的劳动力约为3亿人，从事农业是不少农民生存的主要手段。农户对农业的投资动机，一方面来自农户自身需求，另一方面来自农业政策及市场等外部环境，如农业政策、农产品价格刺激农业投资。单个农户受土地规模、收入水平、信贷政策等的限制，能进行投资的资本数量有限，多为农业生产过程中的物质投入。随着经济社会发展和“三农”政策的刺激，外来投资个体对农业农村的投资增多，资本主要投向农业适度规模经营的农场，或民宿、手工艺工作坊等领域。

随着我国经济社会的发展，特别是改革开放以来，我国农业投资主体逐渐由过去以政府财政投资为主，转向政府、集体、企业、个体等多元化投资主体共同投资的新格局，形成了以政府财政投入为导向，以农户和集体投入为基础，以企业、社会组织、外来投资个体等社会资本为补充的多层次、多渠道、全方位的投资战略。

第二节　政府投资导向下农旅融合模式的发展实践

一、政府投资“三农”的主要特点

政策性。政府对“三农”投资的出发点以改善农村生产生活条件、贯彻国家和地方产业政策、促进农民增收为主。政府投资能够为促进乡村建设发展、农业可持续发展、农民生活水平提高等创造良好的外部环境条件，推动乡村振兴发展。与其他投资不同，政府对“三农”的财政性投资是中央和地方财政政策的重要组成部分，具有政策性、权威性。

公共性。政府投资以追求社会效益最大化为目标，重点投资农业农村领域具有公益性、基础性、普惠性的发展建设项目，并全程监督项目的开展实行。政府投资具有公共性，其资金安排一般以为社会提供公共物品和公共服务为主，能够不断提高财政资金公共效益。

导向性。政府对农业农村投资支出的方向和数额，犹如一张晴雨表，反映着政府部门对“三农”工作的重视程度。一般来说，政府对农业农村投资的变化，会对其他农业投资主体的投资行为将产生导向性影响。政府投资具有导向作用，可以给予其他农业投资主体以明确的引导，推动社会其他资本向“三农”重点领域聚集。

二、政府投资的重点

中国加入世界贸易组织（WTO）后，政府投资应遵循世界贸易组织要求，对农业农村的投资应主要集中在“绿箱”政策范围内。因此，当前我国政府对农业农村投资的重点主要集中在以下四个方面：

一是农业农村基础设施建设和生态环境治理方面。加强农业农村基础设施建设，改善农业生态环境，是改善农业生产条件，稳定和提高农业生产能力的根本途径。面对一些地区农业基础设施老化、农业生态环境恶化等问题，政府加大财政投入，重点解决乡村道路、水利设施、农网改造、水土流失等问题，为夯实农业基础发挥应有作用。

二是农业科研与农村教育方面。科技是第一生产力，农业要进步，农村经济要发展，离不开科技和人才。我国科技对农业的贡献率仍很低，这与我国现有的农业科技水平紧密相关。随着乡村振兴战略的推进，政府在农业科研与农村教育方面投资加大，承担起农业科研投资主体的责任。其应重点扶持社会效益高、投资大、风险高、周期长的农业科研项目，如有关农业良种良法、生物技术等基础研究、科研成果的应用和推广、科学技术知识的普及和宣传、农村义务教育、农户科技教育等项目，并推动农业科技成果转化，为促进农业产业升级与结构优化提供科技支撑。

三是农业社会化服务体系建设方面。我国农业社会化服务体系建设相对滞后。政府应加大政府信息支农投资，健全农业信息服务体系，增强农村网络覆盖与信号，完善设施设备，加快农业信息传播网络的建设，拓宽传播平台与渠道，既将农业市场信息及时传输给农民，又将当地的农产品产销存信息及时向外发布；应加大政府投资，加强市场体系建设，重点支持产地农产品市场建设，促进农业生产的区域化、专业化、市场化，形成具有本地优势的主导产业和特色产品；应扶持农业社会服务组织建设，加强产前、产中、产后的专业化社会服务组织培育，鼓励代耕代种、专业农机服务、田园托管等社会化服务模式创新。

四是农业自然灾害防控与救济方面。农业是一个弱质产业，受自然条件影响大，抗击自然灾害的能力弱。应加大政府财政资金投入，建立农业灾害预警体系，完善自然灾害应急反应机制，提高灾害预警与防控能力，加大救济力度，增强农业农村抗灾复产能力。

三、政府投资的效应

政府投资具有导向性，财政资金的投资力度、区域和方向会引导其他投资主体的投资行为，刺激跟风投资，使财政资金发挥杠杆效应，撬动更多社会资本跟进。随着近年来我国政府财政预算对“三农”领域投资力度加大，加之其他惠农政策的集中效应，农业农村成为新的投资热土。

我国乡村地域广，人口多，各地资源禀赋不同，乡风文化各异，为各地农旅融合模式发展奠定了良好基础。但农旅融合模式发展对乡村基础设施配套要求高，除了核心景区要求道路、停车场所、公共卫生间、休息区、餐饮、住宿等配套完善外，对进出核心景区的外部基础设施，特别是交通设施的要求也比较高。近年来，国内很多地方发展农旅融合模式，有的经济社会效益显著，有的却难以为继，究其原因，不少项目可持续发展能力不足并不是核心景区品质问题，而是进出交通条件制约了发展，特别是遇到节假日或举行活动时，交通拥堵、停车困难、公共卫生间缺乏等问题频出，不少游客去一次就不愿意再去了。

与景区旅游不同，农旅融合模式依托农业农村资源发展旅游经济，形成具有一定“乡土情怀”的休闲旅游，是融入城乡生活的放松旅游，是“回头客”旅游模式。因此，农旅融合模式发展的外部基础设施条件，对核心景区具有较大影响。但对于投资核心景区的企业或个体而言，投资建设和完善外部基础设施完全是不可能的，一方面是投资金额过大，直接经济效益难以估算，另一方面是建设可能涉及土地、农户等问题，难以应付。投资建设完善外部基础设施的主体应为政府，但政府投资追求社会效益最大化。在某些地区，特别是丘陵山地农区，农旅融合项目位置偏僻，周围可辐射带动农户少，政府投资的社会效益低，因此外部基础设施建设项目很难获得政府投资。

农旅融合模式发展逐渐成熟，开始向产业聚集模式发展，形成了一些农旅融合的示范园区、文化村、民宿村等。这些产业聚集区，或是依托政府投资完善外部基础设施条件，“筑巢引凤”，引导社会资本跟进投资，推动农旅产业发展；或是依托资源优势区域引来社会资本，政府就此建设完善外部设施，发挥政府投资效应与产业聚集效应，引导更多社会资本与资源跟进。政府投资推动当前农旅融合模式较快发展，社会效益与经济效益均较显著。

四、政府投资导向下的农旅融合实践案例：农业园区模式

（一）农业园区

农业园区是在具有一定资源、产业和区位等优势的农区内，划定相对较大的地域范围，优先发展现代农业。农业园区由政府引导、企业运作，用工业园区的理念来建设和管理，以推进农业现代化进程、增加农民收入为目标，以现代科技和物质装备为基础，实施集约化生产和企业化经管，是集农业生产、科技、生态、观光等多种功能为一体的综合性示范园区，是农业示范区的高级形态。从功能上看，农业园区兼具社会功能、经济功能和生态功能。其中社会功能主要包括农业科技新成果和先进农业经营管理模式示范、区域农业优势产业发展引导、辐射带动等；经济功能包括农产品生产加工与品牌培育、农业企业孵化、经营创收等；生态功能主要包括农业生态资源保护、生态循环经营模式创新示范、农业休闲观光等。从农业生产经营类型来看，农业园区一般包括种植类农业园区、养殖类农业园区、种养复合型类农业园区、休闲旅游类农业园区。随着近年来都市生活水平和城市化程度的提高，城市居民对休闲农业与乡村旅游发展需求增加，休闲旅游类的综合型农业园区发展加快，在我国现代农业示范园区中的比重增加。

休闲旅游类农业园区，是以开发利用农业资源为基础，结合乡土文化，融农业生产培育、展示、经营、文化意识传承、科普示范、生态环境保护和游客参与体验、休闲娱乐等农业生产和旅游复合功能于一体，统一规划建设的综合性园区。休闲旅游类农业园区又可细分为农业观光园区、休闲农业园区、采摘农业园区、生态农业园区、民俗观光园区、科教农业园区等。一般来说，这类园区由政府引导建设，通过搭建园区平台，吸引农业龙头企业。政府投资重点在园区规划、园区道路、水利设施等基础设施方面，以财政投资的杠杆效应，引导社会资本与企业进入。园区经营管理采用企业化运作模式，建立“产权清晰、责权明确、政企分开、管理科学”的现代企业制度，政府主要负责园区日常服务管理工作，入驻企业在遵守园区管理章程、自觉维护园区环境基础上，自负盈亏。

（二）农业园区案例：南川生态农业大观园

1. 生态农业大观园基本情况

南川生态农业大观园，又名“十二金钗大观园”，位于重庆主城区南郊，地处主城连接渝南黔北的门户要道——重庆三环高速路经济带，距离重庆主城仅40千米。园区方圆280平方千米，涵盖南川区大观镇、兴隆镇、黎香湖镇、木凉镇、河图镇5个镇，平均海拔740米，森林覆盖率达51%，以浅丘平坝地形为主，水资源丰富。自2000年开始规划建设，经过20年的发展，南川生态农业大观园已发展成为重庆周边生态条件较好、旅游要素密集、乡村文化丰富的田园世界，先后获得国家现代农业示范区、全国休闲农业及乡村旅游示范区、国家AAA级旅游景区、全国美丽宜居小城镇、重庆市生态农业示范区、重庆市统筹城乡集中示范区、重庆市青少年社会实践基地、重庆最美生态乡村旅游地标等殊荣。

南川生态农业大观园按照“工业强区、旅游名城、生态花园”战略定位，坚持生态立园、产业强园，大力发展规模农业、观光农业、精品农业、创意农业，不断丰富农业业态，全面推动园区生态农业转型升级。大观园以中江片区为核心，以樱花、薰衣草、香草、荷花等12种花卉为代表，以《红楼梦》“大观园”的文化底蕴，策划包装“十二金钗”，即“紫色爱恋薰衣草园”“众里寻她玫瑰园”“前程似火红千层园”“粉色童话樱花园”“金色飘香桂花园”“一步一香蓝莓园”“国色天香牡丹园”“梦想天空香草园”“步步生莲荷花园”“踏雪寻芳梅花园”“映山红遍杜鹃园”“金色浪漫油菜花园”12个最具代表性的花卉园区。“十二金钗”一园一景，可以全年赏花、品果。园区随花期果期，常年推出赏花节庆活动，丰富了自然观光、农事采摘、农家吃住等乡村旅游体验。

2. 生态农业大观园发展模式

南川生态农业大观园依托“政府引导、企业经营、农民参与”的发展模式，以园区为平台，充分发挥政府投资效应和服务功能。一方面，引进企业资本与经营理念，以农旅融合发展思路，创新农业经营模式与产品，丰富产业业态；另一方面，带动农民积极融入园区发展，挖掘农耕文化资源，开发传统手工艺和民宿餐饮等，丰富园区旅游文化资源与服务品类。

政府层面重点发挥三个方面的作用：

一是发挥政府投资效应，完善园区基础设施建设与环境整治，优化企业投资硬环境。这包括加强规划引领，出资编制园区建设规划，对园区进行科学布局，强化园区基础设施建设。园区规划建设以来，整合打捆各方面的财政项目和资金，总投资近30亿元，建设园区道路、水电、通信、排污等基础设施，开展土地整治、河道整治与维护工作，完善灌溉设施设备建设，完善园区绿化建设等。在建设园区配套基础设施的同时，政府还投入资金，对园区内农村生活污水、生活垃圾、畜禽养殖、人畜饮水等进行综合整治，以园区大观镇金龙村为重点示范村，建设小型污水处理站、联户小型污水处理池、垃圾中转站等设施，加强对村庄生产生活污水和垃圾等的处理能力；同时，园区内16个村还完成了农村环境整治示范工作，使园区整体容貌变得干净整洁。在南川生态农业大观园建设中，政府财政资金重点投向园区基础设施建设和环境综合整治，通过完善园区基础条件，改善园区内乡村生态环境与人居环境，增强园区农民群众保护生态环境的自觉性。此举优化了园区投资环境，为吸引企业工商资本投资创造了良好条件。

二是政府在政策与服务方面给予园区扶持，优化企业投资软环境。据了解，南川先后出台了《重庆市南川区生态农业园区项目建设优惠政策》《关于进一步完善管理体制加快生态农业园区建设发展的意见》《关于在大观镇推进农民素质提升试点工作的实施方案》《关于整合资源支持大观片区农村环境综合整治的通知》等政策文件，汇集了50多项优惠政策扶持园区发展，对园区产业基地建设、产业规模经营、环境整治、农民素质提升等给予数十项补贴与奖励。同时，设立南川生态农业园区管理委员会，按“一个产业、一名园区领导、一个工作班子、一套扶持政策”的组合服务体系，细化管理服务，根据进驻企业基地建设要求，协调基础设施配套建设、土地流转，落实扶持政策，并在此基础上加大财政金融支持对接力度，建立专人服务制度。地方政府还组织“问需于企”活动，每个处级单位对接5家民营企业，主动解决问题，定期做回访，为企业发展排忧解难。

三是优化园区科技支撑服务，提升园区科技实力与科技服务水平。园区重视农业科技服务体系建设，积极寻求校企、校地合作，已与10多家科研机构建立起紧密合作关系。园区内还建成了重庆市农科院科研基地、西南大学博士后科研流动站、重庆工商大学实习基地等科研实习基地。

南川生态农业大观园充分发挥区位条件、政府投资效应、园区服务等优势，引来很多“金凤凰”。重庆市南川区惠农投资有限公司、重庆三不加食品有限公司、重庆中海黎香湖农业开发有限公司、南川区金佛山旅业集团有限责任公司、重庆德泰投资公司等大量市、区级农业龙头企业入园发展。同时园区充分发挥南川区中药材资源优势，在园内再建“园中园”——重庆市中医药科技产业园，吸引了天圣制药集团股份有限公司、重庆百味珍药业有限公司、康美药业股份有限公司等企业进驻，打造成为西南地区中药深加工基地。大批企业的进驻，带来大量工商投资，投资项目近 100 个，累计投资额超过 100 亿元，极大地推动了园区农业市场化体系建设。新理念、新基地、新技术、新产品随之而来，通过龙头企业的“衔接”作用，使园区、农户与市场的联系更加紧密（推动了园区 30 多个农村专业合作社发展），也使地方政府、企业和园区农户，更加认识到品牌农业、精品农业、创意农业、高效农业的重要性，有力推动了园区传统农业以前所未有的速度向现代农业转型。

园区环境条件的改善，以及产业的发展，带动了园区农民生产经营理念与方式的转变，其共同参与园区环境维护，参与产业发展，参与旅游经济发展。随着园区大量企业的进驻，园区土地流转与规模经营面积扩大，园区内不少农民成了“职业农民”，在家门口做起了农业“工人”，有了稳定的工资收入；也有不少农民瞅准商机，办起了农家乐。园区中江村村民杨某就是其中一员，他将自家民房进行简单改装，办起农家乐，在旅游旺季时，一天能接待 70 多位游客，农家乐的毛利润达到 5 万余元。在中江村，像杨某这样的农家乐老板还有 20 多个，全村年接待游客达 10 万人次。在园区，这样的农家乐超过 100 家，年接待游客超过 50 万人次。园区旅游业的发展，还带动了园区村民土鸡、土鸭、腊肉、瓜果蔬菜等农特产品销售，进一步拓宽了农民的增收渠道。

3. 生态农业大观园产业发展模式

园区坚持农旅融合发展模式，以“产业强园、生态立园、旅游兴园”为理念，将自身打造成为集有机、生态、绿色、观光、休闲、娱乐为一体的现代农业示范园。园区“以产业为基础，以旅游为目标”，优化产业发展、开发旅游产品，推动园区全域农旅融合发展。

农业产业发展多元化、景观化、生态化。园区推动农业产业多元化发展，建成 10 余个万亩产业种植基地和千亩产业园，打造健康养殖产业和休闲农业产业，使园区内产业几乎涵盖了所有农业种植、养殖业，形成了集水稻、蔬菜、花卉苗木、优质水果、中药材、茶叶、水产等为一体的多元化产业形态。为配合旅游业发展，园区对农业产业进行景观化旅游开发，如依托蔬菜瓜果，建设“珍奇瓜果园”“巨型南瓜园”“珍奇植物园”；依托花卉苗木，打造薰衣草园、玫瑰园、樱花园、桂花园、牡丹园、荷花园、梅花园等各色花园；依托中药材产业，推动中医药健康旅游，打造集中医疗养、康复、养生与旅游为一体的康养度假区等。园区还结合产业，举办乡村旅游文化节、樱花节、薰衣草节、玫瑰花节等，推动乡村旅游发展。园区农业产业走生态化发展道路，大力发展有机农业、生态农业、循环农业，形成了“猪—沼—果”“猪—沼—粮”“猪—沼—鱼”“猪—沼—菜”等多种循环农业生态模式。

园区乡村环境美化与文化资源开发。对园区内村庄进行环境整合整治与美化，在核心展示区开展“四清”（清垃圾、清污水、清庭院、清残垣断壁）、“五改”（改水、改厕、改路、改圈、改厨）、“三规范”（规范垃圾分类、规范群众卫生行为习惯、规范建设长效机制）活动，全面美化村庄。乡村基础设施改善和环境美化，使园区村庄道路宽阔平坦、农民新居漂亮大气、村庄环境干净整洁、田野生机盎然，构成了一幅自然淳美的乡村田园风光图。园区已成为村民幸福生活的家园，游客向往的乡村旅游景点。在开发利用自然景观的同时，园区也重视乡村文化资源开发，建设了农耕文化长廊、农耕文化博物馆、乡愁馆、重庆青少年教育实践基地等，丰富了园区旅游资源。

打造农产品精品品牌，创新旅游商品开发。园区农产品品牌开发以打造精品为目标。园区的茶叶金佛玉翠、大观翠芽、大观炒青等已通过农业部绿色食品认证，明前春绿、天绿香茗等获得全国无公害农产品称号；“三不加”牌酱油和醋不仅是绿色品牌，还是非物质文化遗产；园区的辣椒、黄瓜、丝瓜、冬瓜、南瓜等蔬菜产品获得农业部认证的绿色食品称号，直接进入重庆主城的新世纪、重百和远东等大超市。园区的蓝莓、葡萄、猕猴桃、玫瑰、香草等花果，瞄准高端客户群，走精品路线；同时，园区还深化花果深加工产业链，开发高档果汁、果酱、果酒，提取香草、玫瑰等花草香精、香料、精油等。

4. 生态农业大观园发展启示

南川生态农业大观园以工业化理念，打造国家级生态农业园区；以旅游理念把农业资源转化为旅游资源，打造休闲旅游农业园区；以机制创新激活资源要素，打造城乡融合示范园，推动园区农业与旅游业的相互促进、共同发展，促进政府增效、企业增益与农民增收。在园区发展中，政府投资发挥出较强的杠杆效应，引进企业与工商资本，而园区的产业集聚效应和企业集聚效应，又反过来吸引更多资源与资本跟进，有效推动了园区的良性循环发展。园区这个平台，促进了城乡资源要素流动、园区资源要素整合，使园区的农旅融合模式效益和政府投资的社会效益呈几何式增长。

第三节 政府政策效应下农旅融合模式的实践案例

一、成都“五朵金花”概况

成都“五朵金花”位于成都市锦江区三圣乡，包括红砂村、幸福村、万福村、驸马村、江家堰村五个村庄。“五朵金花”以乡村旅游和观光休闲农业为主题，打造集观光旅游、休闲度假、餐饮娱乐、商务会议于一体的城市近郊生态休闲度假胜地，凭借红砂村的“花乡农居”、幸福村的“幸福梅林”、万福村的“荷塘月色”、驸马村的“东篱菊园”、江家堰村的“江家菜地”，成为国内知名的AAAA级乡村旅游度假区，是我国早期乡村旅游发展有名的案例之一。

五个村庄紧密相连，景区发展既注重发挥自身特色资源优势，又注重景区产业的互补。“花乡农居”位于红砂村，该村村民世代以种花为生，因此，景区主题为花卉，扩大种植规模，丰富花卉品种，使红砂村一年四季百花争艳，万亩花卉与具有老成都特色的农居相互映衬，形成了“一户一景，一户一色”的美丽乡村风光。“花乡农居”由此得名。“幸福梅林”位于幸福村，据说为纪念一位传说中的少女，村民在村中大量种植梅花树，因梅花象征健康幸福，村庄因此得名。幸福村景区内有吟梅诗廊、精品梅园、梅花博物馆、梅花知识长廊、湿地公园等人文景观，衬托出梅林的秀丽与典雅。在幸福村，不仅能够欣赏梅花，还能了解到梅花与中国精神、中国文学、中国书法、中国绘画艺术的渊源，让游客全面领略梅花文化的独特魅力。“荷塘月色”位于万福村，村民主要以种植花卉和莲藕为生。其种植的荷花以“睡莲”“晚莲”等观赏性荷花为主，形成大面积的生态荷塘景观。“荷塘月色”以生态荷塘景观为载体，以绘画、音乐等艺术形态为主题，将湿地生态、荷花文化与艺术形式相统一，形成独特的生态、人文景观。“东篱菊园”位于驸马村，当地村民世代以种植菊花为主，春夏秋冬四季都栽种菊花，形成了独有的四季菊园景观。“东篱菊园”取自“采菊东篱下，悠然见南山”，迎合了现代人返璞归真、回归田园的内心愿望。“东篱菊园”已成为全国品味菊文化有名的乡村旅游度假胜地。“江家菜地”位于江家堰村，该村是蔬菜种植基地，村民世代种植蔬菜。“江家菜地”以种植时令蔬菜、水果为主，以“休闲、劳作、收获”等形式，吸引市民到村里认种土地、认养果蔬，市民在闲暇时可以前来种植管理“自家”菜地，体验吃农家饭、干农家活、住农家房的田园生活，享受收获的喜悦。

二、成都“五朵金花”的发展

“五朵金花”所在的三圣乡，曾是锦江区最落后的乡镇之一。由于当地花卉产业发展历史悠久，2003 年 10 月，四川省首届花卉博览会在三圣乡举办。地方政府以此为契机，以种花历史悠久的红砂村为核心，统一规划花博会周边的五个村庄，因地制宜，错位发展，在 12 平方千米的土地上，分别打造了花乡农居、幸福梅林、荷塘月色、东篱菊园、江家菜地这些具有不同特色的旅游村。

“五朵金花”以产业为支撑，围绕花卉、蔬菜等农业产业，进行农文旅融合开发，赋予“花乡农居”中花卉的文化内涵，挖掘“幸福梅林”中梅花的传统文化，注入“荷塘月色”音乐、绘画的艺术内涵，展现“东篱菊园”中菊花的韵味，再现“江家菜地”的农耕文化，变单一的农业生产为农业与文化旅游双赢的发展局面。在景区建设中，“五朵金花”以城市生活标准对景区道路、污水处理设施、天然气设备等进行建设，推动景区土地集约化开发，整合农房，拆除违规建筑，充分利用“四荒地”，使有限的土地资源发挥最大的效益。同时，“五朵金花”还按照“农户出资、政府补贴”的方式，对景区房屋进行“景观化”改造，并在保护原生态植被和农田的基础上，以田园自然风光为主体，以符合都市人休闲消费需求为标准，打造观光、休闲场所，使景区田园变公园，农村变景区，满足都市人的“田园梦”。景区内还开展了丰富的文化活动，先后组织了四川省首届花卉博览会、中国成都首届梅花节、花乡踏青风筝节等主题文化活动，承办了各种节庆会展和赛事，不断扩大知名度和美誉度，创造出良好的发展环境。景区良好的发展平台，还吸引了不少外来企业，推动村民农家乐的发展。2004 年以来，“五朵金花”吸引了成都维生、传化大地等花卉龙头企业，以及北京金港赛道等知名企业入驻，推动景区村民开办农家乐 300 余家。“五朵金花”通过农旅融合开发，促进了传统农业向现代农业、观光农业的转变，拉动了休闲经济、旅游经济的发展，实现了农旅产业双增双赢。

“五朵金花”已从五个传统落后的小村庄发展成为成都近郊一个充满田园风光的开放式公园，成为市民休闲放松的首选之地，是成都地区乡村旅游发展的成功案例，探索出了一条发展乡村旅游的新路子。

三、“五朵金花”发展中的政策效应

成都“五朵金花”的成功，得益于当地的区位优势与产业优势等因素，但最关键的因素还是政府的政策效应。“五朵金花”依托“政府主导+市场驱动”型的农旅融合发展模式，通过政策导向，推动资金（财政）、资本（企业与金融机构）、资源（农户和村集体）的有机结合，实现最大复合效益。在“五朵金花”的发展中，政府的政策效应主要表现在以下几个方面：

一是旅游定位，规划引领。政府以花博会为契机，以乡村旅游为定位，通过规划引领，既立足当地产业基础，又拓展产业的横向融合与纵向延伸，引导产业发展方向。

二是以政府为主导，加强基础设施与服务的政府财政投入。各级政府调整财政支出结构，加强政府财政项目资金投入，解决路网、通信、引水、供电、供气等乡村旅游发展的基础设施和服务功能配套；推动乡村景观改造，修建农村新居，采取过渡期补偿和搬迁奖励的办法对村民进行集中安置。在景区发展前期（2004—2006 年），各级政府投入农村基础设施建设资金约 1.5 亿元，投入农房改造资金近 3 000 万元。

三是发挥政策效应，撬动资本参与。政府在财政、税收、信贷上向当地农村和农业倾斜，搭建了良好的融资平台，吸引了大量民间资金和社会资金的积极参与。2004 年以来，“五朵金花”共吸引数十家大型企业入驻，吸引民间资金投入超过 2 亿元，包括引进 2 200 万元民间资金建设西南地区最大的花卉集散地，引进澳士瞩远投资顾问有限公司投资建设了幸福梅林精品梅园。

四是引导集体经济发展。如由锦江区政府引导，成立锦江区农业投资公司；以村民委员会为基础，以村为单位，成立成都三圣幸福梅林管理有限公司、成都三圣荷塘月色生态旅游管理有限公司、成都三圣东篱菊园生态旅游管理有限公司、成都红砂花乡生态旅游管理有限公司、成都江家堰资产经营管理有限公司 5 个股份制的新型集体经济组织实体企业。在不减少原有耕地面积、不改变用地性质的前提下，农户自愿把土地通过出租、互换、转让、入股等方式，向这种新型集体经济组织集中（村民个人股），村集体的荒山、沟渠、道路、树林、公共房屋等公共资源也入股集体经济组织（村集体股）；之后，集体经济组织自主经营，或把经营权向有技术专长、资金实力、经营能力的大户、企业等流转。两次土地经营权的转让，实现了土地资源向土地资本的转变，推动土地规模经营，壮大村级集体经济，实现土地资产的升值和对社区居民利益分配的合理化。新型集体经济组织按照市场化原则，负责所辖区域内乡村旅游的发展，享有所有旅游发展资产的使用权或经营权，包括以资产出租、出让、转让、转租、抵押等方式获取发展投入资金，以及引入经营企业的权力。新型集体经济组织与居民确立新的组织和权益关系，新型集体经济组织按照居民、村集体、乡、企业等利益相关者所持股份进行分红；新型集体经济组织是村民的劳动联合和资本联合，村民以股东身份享有获得经营收入或分红的权益，以经营者身份享有参与旅游开发的权益。

五是带动农户发展，促进农户增收。“五朵金花”发展初期，政府在资金、宣传、基础设施建设以及规划等方面对其进行扶持，农民在这个过程中更多的是被动参与；到中期，农民在政府指导下变被动为主动，主动参与乡村旅游发展；到后期，政府溢价退出让利农民，农民自发投入，成为景区投资建设与经营的主体之一。“五朵金花”农旅融合发展，拓宽了农户收入渠道，农户可同时获得租金、薪金、股金和保障金“四金”收入，收入大幅提升。

第四节　资源集聚效应下农旅融合模式的实践案例

一、莫干山民宿的发展

（一）莫干山资源禀赋优势

莫干山是天目山脉余脉，位于浙江省湖州市德清县莫干山镇境内。莫干山景区位于莫干山镇中心位置，与莫干山镇所辖的7个行政村相邻，是我国著名的AAAA级旅游风景区、国家级风景名胜区和国家森林公园。本研究所述的莫干山，包括莫干山景区和莫干山镇两部分。

莫干山景区景色秀美、风光迷人，以竹、泉、云和清、绿、凉、静的环境著称，素有“清凉世界”之美誉，其植被覆盖率达92%，远远望去一片绿海。莫干山以竹闻名，山上竹的品种繁多、品质优良、覆盖率高。此外，景区还有松、柏、杉、香樟、银杏等乔木。莫干山一年四季景色优美：春季万木皆春，一派生机，杜鹃花开，漫山遍野，各种野花点缀林间，山路处处美景，令人心旷神怡；夏季绿树成荫，溪水清凉，怪石嶙峋，飞瀑激流，温度往往要比同省杭州市低6~7摄氏度，是我国四大避暑胜地之一；秋季落叶飘荡，秋意盎然，寂静安然，令人无限遐想，更有桂香阵阵，芬芳迷人；冬季银装素裹，另有一番美景。

莫干山具有丰富的文化底蕴。相传，莫干山因春秋末年，吴王阖闾派干将、莫邪在此铸成举世无双的雌雄双剑而得名。莫干山景区历史悠久，有东周的冶铜遗址、后晋时期的铜山寺遗址、始建于南宋时期的高峰禅寺，还有南北朝大文学家庾信、宋代武康知县毛滂、民国政府外交总长黄郛、开国元勋毛泽东、陈毅等人留下的诗文碑刻等。19 世纪末，莫干山依托气候、环境和土地资源以及毗邻沪杭的区位优势，吸引了大量西方殖民者、传教士、医生等，以及民国时期的精英人士在此建造度假避暑别墅，逐渐形成了具有各国不同风格的别墅群，被誉为“世界建筑博物馆”。至今仍保存着的近 200 幢别墅，成为莫干山独特的景观。

（二）莫干山民宿概况

“莫干山民宿”，是莫干山民宿集群的统称，并非指某一个民宿，是除莫干山景区以外的环莫干山区域，即毗邻景区的村域形成的高度集聚的民宿集群，主要包括以“后坞—仙潭—燎原—劳岭—兰树坑”等村域为中心的环莫干山面状核心集聚区，以及边远村域形成的多处点状集聚区。莫干山民宿是浙江高端民宿的集聚地，是当地乡村旅游的特色品牌，开创了中国高端民宿发展的先河，在国内外产生了巨大的影响力，被称为中国民宿业的标杆。莫干山洋家乐乡村旅游区被评为“全国首批乡村旅游创客示范基地”，莫干山被评为“国际乡村旅游度假目的地”。

（三）莫干山民宿的客源市场

莫干山地处沪、宁、杭金三角的中心，距杭州、湖州 50 余千米，距上海、南京 200 余千米，地理位置优越，交通便利，区位条件不可替代。长江三角洲历来是我国经济发展活跃、开放程度高、创新能力强的地区，人口密集、生活富庶，出游力强。莫干山景区中外驰名，旅游市场发展成熟。

（四）莫干山民宿的发展

莫干山民宿经历了自发零星发展、小规模集中发展、产业集聚发展三个阶段。

第一阶段，自发零星发展阶段（2000—2006 年）。2000 年开始，长三角城市群经济飞速发展，城市居民与日俱增的压力，催生了莫干山民宿的市场需求。2002 年，媒体人夏雨清以 2. 5 万元一年的价格租下莫干山风景区内的颐园别墅开始经营，这成了莫干山民宿的前身。2003 年开始，莫干山景区游客数量逐年增加，后坞村部分农户开始经营农家乐，为游客提供便餐。此举迅速带动了全村农家乐的发展，后坞农家乐集聚区开始形成，成为环莫干山乡村旅游业的起点。2006 年，杂志编辑马克来到莫干山景区开了一家名为 The Lodge 的咖啡馆，并通过媒体宣传，吸引了一些具有相同志趣的在沪外籍精英人士。

第二阶段，小规模集中发展阶段（2007—2013 年）。2007 年，南非人高天成在莫干山开了第一家“洋家乐”——“裸心谷”，使莫干山传统农家乐向高端民宿产业转型。2009 年，法国美食家 Peres 夫妇在莫干山创立了“法国山居”。随后，来自英国、比利时、丹麦、法国、韩国等 10 余个国家的外籍人士纷纷到莫干山发展民宿，莫干山脚下的“洋家乐”民宿群落逐渐形成，并带动了国内北京、上海、杭州等地的投资者，投资乡村酒店的潮流。莫干山逐渐涌现出法国山居、裸心谷、西坡、莫干山居图、大乐之野、过云山居、鸢舍、千里走单骑、原舍、莫梵、青垆、枫华山居等一批高档民宿品牌，使环莫干山地区形成了如“后坞—仙潭—劳岭”等小规模集中发展的民宿群。2011 年开始，随着莫干山地区旅游接待业的规模化发展，德清县政府开始使用“民宿”的概念，以指代区域内的农家乐、洋家乐以及乡村酒店等各类休闲旅游住宿业态。

第三阶段，产业集聚发展阶段（2014 年至今）。2014 年，德清县出台了《德清县民宿管理办法（试行）》，民宿概念被正式使用，成为环莫干山地区接待业空间的统称。环莫干山民宿进入快速发展阶段，民宿数量快速增加，从 2014 年开始，莫干山民宿年增加数量超过 100 家。到 2017 年，莫干山民宿达 600 多家，接待游客约 200 万人次，实现直接营业收入 18.9 亿元，同比增长 29.4%。2017 年后，莫干山民宿增速减缓，产业结构逐渐优化，整体呈现出低档民宿减少，中高档民宿增加的格局，民宿进入低速增长高质发展阶段。到 2019 年，莫干山镇在经营民宿增加到 730 家，其中精品民宿 150 家，共有床位近 1 万个，餐位近 2 万席。有数据显示，2018 年，莫干山接待游客 260 万人次，实现旅游收入近 25 亿元，其中民宿业接待游客 210 万人次，实现营业收入 20.5 亿元。从发展分布上看，莫干山民宿基本覆盖莫干山所有村庄，其中毗邻莫干山景区的仙潭、燎原、劳岭、紫岭、庙前和后坞村民宿数量较多，更为集中。

二、莫干山民宿群发展的政策制度创新

莫干山民宿的发展路径是一个从自发发展到规范发展的过程。莫干山民宿的发展，是莫干山良好的自然生态资源、丰富的人文资源、成熟的旅游市场、

便捷的区位优势和创新的政策制度等资源的集聚效应。在资源禀赋条件下，需求市场发展推动了当地农户与外来投资者对民宿产业的投资。民宿产业从零星到小集聚，再到产业集聚的发展壮大，倒逼政府管理与政策跟进，政府通过不断的政策制度创新，规范民宿产业发展，优化民宿产业集群发展软环境，同时完善基础设施配套建设，优化民宿产业发展硬设施。

为规范民宿产业发展，2014 年开始，德清县先后出台了一系列文件，包括《乡村民宿服务质量等级划分与评定》《德清县民宿管理办法（试行）》《关于全面推进农洋家乐休闲旅游业提升发展的意见（征求意见稿）》《德清西部民宿规范提升工作方案》等文件。同时，民宿协会也发布了《莫干山民宿行业自治公约》。这些文件推动了莫干山民宿规范有序发展。另外，政府还在招商引资、财政补贴、土地政策等方面给予民宿产业发展以支持。如法国山居等一批精品民宿就是莫干山政府生态招商的重点外资项目。在土地政策方面，德清县创造性地推出了“坡地村镇建设用地政策”，通过土地的点状供地激活了农村的土地市场；同时，率先实现农村宅基地“三权分置”制度，解决民宿的土地与房屋产权权益问题等。

除了政策制度创新，政府还完善管理机构、发挥管理职能，通过基础设施建设、景观设施建设、品牌打造、完善配套服务等，不断优化民宿产业发展环境。德清县 2009 年率先在全国注册“洋家乐”品牌，2011 年专门成立县西部涉外休闲度假项目服务小组。2014 年，莫干山镇政府设置旅游办公室，同年成立了农家乐休闲旅游领导小组。政府安排专项资金扶持农家乐休闲旅游业发展，在交通条件、卫生配套、景观美化、产业网络构建等民宿投资者很难独立解决的、外部依赖性较强的配套设施等方面，给予财政项目资金支持；对道路、交通、排污、标识、景观建设等进行超前布局，修建民宿区之间的道路和山体隧道，对中心集镇进行景观化改造，设置民宿旅游标识，开展民宿污水集中整治行动、农村生活垃圾分类行动、美丽庭院和美丽乡村建设、行政村景区化、全域美丽大花园等建设。德清县各级部门还大力倡导契约精神，在民宿聚集地区建立民宿行业协会、红管家服务驿站等，协调处理农户、民宿经营者及游客之间的矛盾纠纷等，深层次对接民宿产业发展；同时，引入教育资源，进行校企合作，解决民宿专业化人力资源问题；牵头开展系列节事活动，增强人气与客流；在上海设置旅游推广联络站，进行区域旅游品牌营销等。

三、莫干山民宿产业集群发展的联动效应

莫干山民宿产业集群的发展，产生了产业联动效应，吸引了与民宿筹建和运营直接相关的各类企业机构的进驻，使民宿产业上下游产业链逐渐向外延伸拓展。莫干山民宿产业的多元化，产业融合的属性，域内旅游设施与市场的共享性，活跃的制度环境、良好的创业氛围，以及对互补的旅游产品的需求性，共同形成民宿产业集群的外部性，推动关联产业的发展，使体育户外、节事会展、休闲农业、文化创意、旅游综合体等多元旅游产业，在产业集群空间凝聚，突破了单一民宿产业的桎梏，形成了民宿旅游产业的多元路径创新，丰富了旅游形式、内容与产品，提升了旅游产业价值。这种联动产业的发展，既有民宿自发拓展的旅游产业，如精品民宿提供的户外活动，包括马术运动、探险活动等，又有与民宿产业发展相关的公共服务产业，如建筑规划、装修设计、工程施工、园林绿化、地产经纪、金融融资、协会联盟、行业认证、文化创意、广告营销、管理咨询、品牌运营、劳务服务、物业管理、科技服务、在线经销商等。

这种产业联动效应，使环莫干山地区的乡村旅游，从民宿产业集群上升到全域旅游；使莫干山的旅游区域，从莫干山景区向山下移动，覆盖莫干山全域，推动了莫干山全域旅游的市场化与企业化转向，促进了民宿、村庄、政府与企业的深度融合，形成了当前莫干山以民宿为优势产业集群，协同关联产业集群共生发展的产业经济结构。

第五节　三种模式实践案例的异同与启示

上述三个案例，其发展模式不同，缘起不同，动因也不同。南川生态农业大观园，是政府投资推动农旅融合发展的实践；成都“五朵金花”的发展，得益于政府政策聚集效应推动，体现出政府在推动区域农旅融合发展方面的重要作用；莫干山民宿则主要依托莫干山得天独厚的旅游资源优势，在外部市场需求刺激下逐渐发展起来。

三个案例尽管发展模式不同，但都撬动了政府、集体、企业和个体（农户和外来投资个体）等多元投资主体的参与。南川生态农业大观园，是在政府规划引领与投资效应下，带动村集体、外来企业和农民，形成园区内政府主

导下多元投资主体推动的产业互动发展模式；成都“五朵金花”，是在政府政策引导下，形成以村集体经济组织为媒介和平台，吸引企业投资，带动农户共同发展的运行模式；莫干山民宿产业集群的发展，则是资源优势下的市场需求驱动，促使形成以外来投资与农民投资为主，政府政策制度创新服务为辅，带动村集体经济发展壮大，推动村庄产业兴旺，农民增收致富的模式。

上述三个案例带来以下几点启示。一是充分证明了政府在推动农旅融合模式发展中的重要作用。政府的投资杠杆作用、政策效应，以及管理与服务，对推动农旅产业发展、振兴乡村，具有重要的作用。二是充分证明了一定范围内的全域旅游可以形成规模经济。三个案例在一定区域内，既有多投资主体，又有多产业形态，促成了产业集聚与产业互补。三是证明了农旅融合模式是破解当前农村人气不足、产业不兴、乡村萧条的重要途径。农旅融合，既促进了产业兴旺发展，凝聚了乡村人气，又推动了乡村生态与文化资源保护以及价值化开发，真正实现了社会效益、经济效益与生态效益的“三赢”。

但同时，我们应该清醒地认识到，随着国内农旅融合模式的全面推进，我国农旅市场将迅速发展并趋向成熟，农旅市场的竞争也将更加激烈。上述三个案例，尽管在早期取得了不少成绩，积累了一些经验，但同样面临新的竞争压力，在新形势下如何细分消费群体，确保客流的稳定与持续增长，仍然是这些“明星项目”需要面对的重要问题。社会发展实践证明，国内的农旅融合项目，昙花一现者不在少数。因此，建议上述案例的各投资经营主体，以及类型项目的经营主体，要强化风险意识，及时掌握市场动态，不断创新产品与服务，提升农旅项目区的农业产品质量与旅游服务水平。这样才能吸引新游客，稳定回头客，保持农旅市场的双增长，甚至是多增长。

第九章　工商资本下乡及其农旅融合实践案例

第一节　工商资本下乡

一、工商资本下乡的内涵与我国工商资本下乡历程

工商资本就是工业资本和商业资本，是从事工商业生产经营活动所赚取的资本。

工商资本下乡是指城市工商业者在国家政策的引导和利润的驱动下，将资本注入农业农村，使城市资金、技术、人才等现代生产要素与农村土地等生产要素相结合，以规模化、集约化、企业化方式参与农业生产各环节和农业产业各链条，以提高农业生产效率的现代农业生产经营活动。

工商资本下乡不是一种新现象。早在20世纪初，以张謇、卢作孚等为代表的乡村建设实业家，推行实业救国和教育救国，实施南通模式与北碚模式，改造农村社区。20世纪80年代中期，工商资本以发展乡镇企业为契机，大量进入东部沿海发达地区的城乡接合部和农村地区。这一时期的工商资本主要投入手工业等领域，资金体量小而散。到20世纪90年代中后期，我国“三农”问题凸显，学界开始呼吁要积极引导大型工商企业进入农业，此阶段，工商资本主要通过农业产业化经营的方式进入农业，推动小生产与大市场的对接（张雯，2015）。

进入21世纪，关于工商资本下乡的研究、讨论与实践增多，政府也越来越重视工商资本下乡问题，出台了一系列政策文件，规范工商资本下乡。2001年，《中共中央关于做好农户承包地使用权流转工作的通知》强调，“工商企业

投资开发农业，应当主要从事产前、产后服务和‘四荒’资源开发，采取公司加农户和订单农业的方式，带动农户发展产业化经营”；“不提倡工商企业长时间、大面积租赁和经营农户承包地”；同时，“外商在我国租赁农户承包地，必须是农业生产、加工企业或农业科研推广单位，其他企业或单位不准租赁经营农户承包地”。虽然连续几年的中央一号文件多次提到“加大对多种所有制、多种经营形式的农业产业化龙头企业的支持力度”“综合运用税收、补助、参股、贴息、担保等手段，为社会力量投资建设现代农业创造良好环境”“引导各类市场主体参与农业产业化经营”“健全流转市场，在依法自愿有偿流转的基础上发展多种形式的适度规模经营”等，但很少再对工商资本下乡给予明确支持。可见在21世纪前10余年，政府层面对工商资本下乡是保持比较谨慎的态度的。

到2013年，国家对工商资本下乡的态度开始有一定转变。2013年中央一号文件提出“鼓励社会资本投向新农村建设”“鼓励和引导城市工商资本到农村发展适合企业化经营的种养业”，但同时也提出“探索建立严格的工商企业租赁农户承包耕地（林地、草原）准入和监管制度”。为了规范工商资本下乡，防止工商资本下乡导致的土地非农化问题，2014年1月，中央一号文件提出“探索建立工商企业流转农业用地风险保障金制度，严禁农用地非农化”；11月，中共中央办公厅、国务院办公厅印发《关于加强农村土地经营权有序流转发展农业适度规模经营的意见》，一方面提出要“加强对工商企业租赁农户承包地的监管和风险防范”，要求“各地对工商企业长时间、大面积租赁农户承包地要有明确的上限控制，建立健全资格审查、项目审核、风险保障金制度，对租地条件、经营范围和违规处罚等作出规定”，且“工商企业租赁农户承包地要按面积实行分级备案，严格准入门槛，加强事中事后监管”；另一方面，也提出要“引导工商资本发展良种种苗繁育、高标准设施农业、规模化养殖等适合企业化经营的现代种养业，开发农村‘四荒’资源发展多种经营”。之后3年的中央一号文件，主要集中在工商资本下乡的制度监管方面。如2015年，提出要“尽快制定工商资本租赁农地的准入和监管办法”；2016年，提出“完善工商资本租赁农地准入、监管和风险防范机制”；2017年，提出“研究制定引导和规范工商资本投资农业农村的具体意见”。至此，工商资本下乡开始进入制度完善化阶段。在此期间相应的土地流转制度也逐渐完善，如2016年农业部印发的《农村土地经营权流转交易市场运行规范（试行）》，就明确了土地经营权在流转交易市场进行交易的相关规程。

2018 年开始，国家政策对工商资本下乡的支持更加明确。2018 年中央一号文件要求，“加快制定鼓励引导工商资本参与乡村振兴的指导意见”；同年，农业农村部会同多部门联合印发《关于开展土地经营权入股发展农业产业化经营试点的指导意见》，明确了土地经营权入股农业产业化经营的方式和途径；国家林业和草原局出台《关于进一步放活集体林经营权的意见》，明确鼓励和引导工商资本下乡流转林权，建立产业化基地。2019 年，国务院出台《关于促进乡村产业振兴的指导意见》，明确提出要“有序引导工商资本下乡”，要“坚持互惠互利，优化营商环境，引导工商资本到乡村投资兴办农民参与度高、受益面广的乡村产业，支持发展适合规模化集约化经营的种养业”，要“支持企业到贫困地区和其他经济欠发达地区吸纳农民就业、开展职业培训和就业服务等”。2020 年的一号文件，旗帜鲜明地提出“引导和鼓励工商资本下乡，切实保护好企业家合法权益”。同年，《关于扩大农业农村有效投资加快补上“三农”领域突出短板的意见》《社会资本投资农业农村指引》等文件出台，调动强化了社会资本投资农业农村的积极性、主动性。可见，随着乡村振兴战略的提出与深入推进，国家和政府对工商资本下乡的态度越来越积极，工商资本下乡，成为推进乡村振兴的重要手段之一。据相关部门统计，乡村振兴掀起了新的工商资本下乡热潮，新一波资本下乡主体超过 15 万家，累计投资额超过 2 万亿元。

二、工商资本下乡的动因

工商资本下乡是内因和外因共同作用的结果。

（一）工商资本下乡的内因

1. 资本的逐利本性是推动工商资本下乡的核心要素

农业农村良好的发展前景与丰厚的投资回报预期，是导致工商资本下乡的关键。而这种预期，主要建立在三个方面：

首先，农业资源的稀缺性使工商资本有获得高额回报的预期。农业生产离不开土地、水源、气候、农业生物资源、劳动力等生产要素，其中很多农业资源具有地域性、特殊性与稀缺性。刘平青（2004）认为，农业属于自然资源型行业，很多农业资源有不可模拟和移植的特点，具有自然垄断性，尤其是土地资源，工商资本下乡抢先占有这些不可替代资源，有利于提高企业竞争力。张文广（2014）认为，土地属于稀缺资源，其独占性、不可再生性导致土地的价格易涨难跌，工商资本下乡，以低价获取稀缺资源，一旦将来有机会将农地转换用途，工商资本将获得巨大的收益。

其次，农业农村需求市场扩大，新兴产业与业态创新，扩大了农业农村投资空间。我国工业化、城市化快速发展，2019 年年末，我国常住人口城镇化率超过60%，庞大的城市人口规模为农业农村发展提供了新空间。随着城乡居民收入的增加和生活水平的提高，人们对高品质、多样化、安全、方便的农产品需求将更加强烈；对健康养老、乡村旅游等新业态的需求也会增加，这将使农业农村投资空间增大，投资回报预期提升。吕亚荣和王春超（2012）认为，现代农业实行从生产加工到储存、销售等全产业链一体化经营后，农业成为利润率较高的产业之一；农产品价格的持续上涨，对工商资本产生吸引力。李中（2013）认为，市场对优质、安全的农产品需求强烈，市场前景被业界普遍看好，农业的“价值洼地”效应凸显，是刺激工商资本大举进军农业的重要诱因。吕军书和张鹏（2014）认为，现代科技的广泛运用和劳动生产率不断提高，所具有的独特比较优势正日渐显现，这使农业成为投资回报率比较高的领域之一。

最后，资本存量寻找出路推动工商资本下乡。自 2008 年国际金融危机以来，我国经济面临的严峻挑战之一，就是如何有效化解部分工业行业产能严重过剩，实现转型升级，寻求投资出路，进一步拓展新的经济发展空间。工商资本下乡经营农业，是化解当前我国工业产能严重过剩问题的有效手段。石霞和芦千文（2013）认为，在城市和工商业投资风险高的情况下，工商资本下乡在一定程度上是一种“避险行为”。张红宇（2015）认为，房地产、资源、高端餐饮等行业的不断降温，倒逼工商资本寻找新的出路和利润增长点，而传统成熟的行业又面临竞争激烈、发展空间受限的问题，相比之下农业的滞后发展意味着强大的增长潜力，推动工商资本下乡（张雯，2015）。

2. 家乡情结，是近年来另一种促进工商资本返乡的诱因

我国自古有“故土难离”的说法，在传统乡土社会，离开家乡出仕或经商的人，总会“落叶归根”。《史记》中“富贵不还乡，如锦衣夜行”的说法，以及我国古代官员的“告老还乡”制度，都反映出国人的家乡情结。这种家乡情结，是连接故土、维系乡情的精神纽带，是探寻文化血脉，彰显我国文化传统的精神原动力。在这种家乡情结的推动下，近年来，我国出现了很多乡贤携带资本回乡投资农业领域，带动乡亲发展产业致富的案例。

（二）工商资本下乡的外因

近年来我国农业政策和制度的“政策红利”，是吸引工商资本进入的重要

外部原因。一是近年来国家出台了多项惠农政策，有力改善了农村生产生活条件。有数据显示，近年来国家每年向农村投入的财政资金超过2万亿元，使我国农村的交通、电力、通信、信息等基础设施不断完善，为资本下乡奠定了良好的基础。二是从国家鼓励工商资本下乡政策的变化与发展历程中，可以清晰地看到，政策的支持与鼓励，是近年来我国工商资本下乡的推动力。由于工商资本下乡会带来一些新的生产技术、发展思路与经营理念，有助于提升地方经济的整体发展水平，因而近年来国家和各地政府都降低准入门槛，出台强农惠农政策以支持工商资本下乡，为资本存量寻找新的出路和利润增长点提供了契机。李中（2013）认为，10余年来连续出台的强农惠农政策，极大地改善了农业的政策环境，降低了行业准入门槛和生产风险，这种宽松的营农环境对工商资本极具吸引力。吕军书和张鹏（2014）认为，在我国的所有投资领域中，农业是被给予各种优惠政策最多的产业，下乡工商资本在税收、融资、项目审批、建设用地保障、财政补贴等方面享受的优惠政策是投资其他产业所无法比拟的。乔金亮（2015）认为，各级政府对农业扶持补贴力度加大，已经成为工商资本进军农业的动力。

三、工商资本下乡的利与弊

（一）工商资本下乡的积极效应

1. 带动了城市资源向乡村流动，促进乡村经济社会发展

长期以来，我国农村地区尤其是发展相对落后的传统农业产区，由于农业比较效益低，农村人口与资本外流，产业发展难度大，经济发展落后。马九杰（2013）认为，工商资本下乡是对农村资金外流的一个纠正；石霞和芦千文（2013）也提出，引导工商资本下乡，对缓解和克服农村生产要素短缺至关重要。工商资本下乡，不仅带来了农业发展与农村建设稀缺的资金，而且带动了技术、人才、管理等先进生产要素向乡村流动，有利于改变乡村要素资源长期以来持续向城市流动的状况，不仅能缓解农业农村发展中的资金不足问题，而且能完善农村的经济发展体系，带动农村社会的经济水平。伴随资本下乡而来的是人才、技术、经营管理方式等要素的下乡，这些要素同时影响农民的生活理念与农村的生活方式，有利于促进城乡之间相互了解，改变城乡相互的固有观念偏差，促进城乡社会融合。同时，工商资本下乡促进了农村社会组织与社区的发展，提升了农民的组织化程度，且工商资本下乡的“外部性”，还使村民在农村公共产品和社区建设方面能“搭便车”，改善自身的生产生活条件。

2. 改变农业生产方式，推动了现代农业发展

我国传统农业科技水平不高，农业劳动生产率低，农产品质量安全水平不高，农业组织化程度较低，市场主体竞争力不强。舒尔茨（2007）认为，小农户自身根本无法完成传统农业的改造，必须借助外部力量，包括资金、技术等要素的投入，这样才能使小农经济发生变化。我国分散化的小农经营方式，缺乏独立驾驭市场的能力。工商资本下乡，能利用自己掌握的市场信息、人脉关系、专业知识等建立销售渠道，建立农民与市场的联结纽带。工商资本下乡，通过土地流转，可以实现土地的集中连片经营和规模化种养，改变土地经营过度细碎化造成的规模不经济，提高农业经营效益。同时，工商资本进入农业产前和产后领域，使农业从第一产业向第二、三产业延伸。石霞和芦千文（2013）认为，工商资本拥有技术、渠道、品牌的优势，可以通过建立供产销一体化的产业链条，提升农产品的加工深度和农业竞争能力，提高农业产业链整体效益。工商资本下乡，在推动农业的规模化、集约化与专业化经营方面发挥作用。吕亚荣和王春超（2012）认为，与分散的经营的小农户相比，工商业在人力资本、社会资本、物质资本等方面具有先天优势，因而成为中国现代农业发展不可或缺的力量。因此，工商资本下乡是实现农业农村现代化发展的必然选择。

3. 拓展农民收入渠道，增加农民收入水平

雷晓宁（2003）认为，在解决农民增收的问题上，工商资本下乡比农民进城更有优势。工商资本下乡，可以拓展农民收入渠道，为小农户提供对接市场的桥梁，因此必然会带动农户农业产业发展，提高农业生产经营水平，提高农户生产农产品的商品率，增加农户农业生产经营收入。孙永龙（2010）提出，工商资本下乡在推进农业集约、集群发展的同时，能够有效带动农民共同参与现代农业开发，促进农民增收。工商资本下乡，会促进农业的规模经营，农户通过土地流转，可以获取土地租金（保底租金）。周其仁（2009）认为，城市工商资本通过对农村资源，特别是土地资源的开发，可以使资源或资产转化为资本，从而提高农民收入。此外，农户还可以就近务工，获得劳务收入，甚至还有机会获得工商资本经营的利益分红。

（二）工商资本下乡可能带来的风险

1. 可能威胁国家食物主权与资源安全

随着我国对外开放程度提高，国外工商资本进入我国农业领域步伐加快。

有数据显示，2008 年以来，我国农业实际利用外资年均增长 19%。大量国外工商资本进入农业领域，凭借其雄厚的资金、先进的管理模式和完善的市场体系，很容易逐步控制整个产业链，威胁我国的食物主权与资源安全。以大豆产业为例，我国大豆加工及食用油、种子产业外资进入程度较高，叶梓（2011）分析提出，四大粮商 ADM、邦吉、嘉吉、路易达孚已经掌控我国 85%的大豆加工产业。这不仅对国内生产者形成打压，同时还对产业上游的原料和期货、中游的生产和加工、下游的市场渠道和知名品牌形成控制权。在国外工商资本的控制下，尽管我国是全球最大的大豆消费国和进口国，却难以形成对大豆的市场定价权，而国内大豆也完全失去优势，大豆对外贸易依存度达 86.4%。目前，外资已经遍布我国种植养殖业、生产加工、市场流通等产业链各环节，倘若不加强监管，就可能会导致资源价值流失，危及国家发展主导权与农业资源安全。

2. 可能损害国家“三农”发展公共利益

工商资本的本性是逐利的，在稳住耕地规模、守住生态红线、保障粮食安全、发放涉农惠农补贴等多个方面，工商资本逐利的商业目标和国家社会公共目标可能产生冲突，损害社会公共利益。我国工商资本下乡过程中，出现了不少损害社会公共利益的情况。如有的工商资本冲着土地价值而来，它们打着“农业”的幌子，实际以“圈地”为目的，导致土地非农化、非粮化加剧，这必然会对国家粮食安全和农产品供给产生不利影响。调查显示，在一些地区，工商企业租地种粮食的不足 10%。有的工商资本，以套取国家补贴为目的进入农业，不仅影响国家惠农政策实施效果，而且还造成耕地资源的浪费和低效使用。有的工商资本，由于盲目进入农业，经营不善，以至于“跑路烂尾”，导致农田抛荒，耕地恢复成本高，加重了政府与农户负担。有的工商资本进入农业领域后，对农业稀有资源进行短期掠夺性开发，造成农业资源耗竭和环境损害。还有的工商资本，进入农产品流通领域，进行投机炒作，导致农产品价格大幅波动，扰乱了市场秩序，不仅冲击农业生产，而且对城乡居民的消费也会产生负面影响。

3. 可能侵蚀农民利益

工商资本下乡以谋求资本利益最大化为目标，在实践经营中，它们既依赖农民的土地与劳动力，又凭借强大的资本与网络体系，在与农民的合作和竞争中占有绝对优势。当工商资本和农民利益不一致时，可能侵蚀和损害农民利益。调研发现，一些工商资本下乡，并没有真正与小农户建立有效利益联结机制，对当地农户家庭经济状况改善效果不大，也没有显著带动周边人才和资本回乡。一些工商资本下乡，反而在部分地区和一些利润较高的行业对小农生产形成替代，对小农生产产生“挤出”效应。如有的村庄发展乡村旅游，资本进入经营客栈与民宿，其资本优势、装修设计与互联网宣传，都不是当地农户经营的民宿可以比拟的，因此民宿产业发展的相当一部分增值收益，会被外来资本赚取。有的乡村景区化开发，农户进行农业生产维持了美丽景观，却很难直接从旅游开发中获得相应的收益。

由此可见，工商资本下乡利弊共存，既可能促进农业农村经济社会发展，推动乡村振兴，也可能带来消极影响，损害国家与农民利益。但并不能因此就对工商资本下乡退避三舍，引导工商资本下乡，要把握好招商引资的“度”，把握好工商资本“准入关”，建立资本下乡参与和促进乡村振兴的体制机制，将资本下乡的优势转变为振兴乡村的建设性力量，同时加强制度约束与监管，降低和规避消极影响。

四、工商资本进入农旅融合经营的方式

工商资本下乡，是近年来不少跨界资本投资的热点。工商资本进入农业领域，有直接进入和间接进入两种方式。直接进入，一是工商企业直接流转农民土地进行农业规模经营，逐步打造完整的产业链条，形成生产、加工、销售一体化的农业企业；二是对破产或退出的农业上市公司进行收购、兼并，从而直接组建农业上市公司，直接参与农业相关的生产经营与市场开拓。间接进入，主要是通过投资入股、合作经营、购买农业企业股票等模式进入农业领域，工商资本一般不直接参与农业相关的生产经营，只分享农业投资红利。工商资本进入农旅融合领域，一般是采取直接进入模式，流转农民土地进行农业经营与旅游开发。近年来，我国工商资本下乡直接经营农旅融合项目，产生了很多成功案例，获得了很多经验，如北京的蟹岛生态度假村、无锡的田园东方、成都的大梁酒庄等知名农旅项目。但也有不少工商资本进入农旅融合项目后，却面临很多现实困境，不仅投资收益难以达到预期，甚至投资成本都难以回收。可见，工商资本进入农旅融合领域，仍会面临诸多问题与风险，尚需谨慎。

第二节　工商资本进入农旅融合项目的实践案例

一、T 项目案例

（一）项目基本情况

T 项目是 A 投资集团公司旗下股份公司跨界投资的农旅项目，是国内首个田园综合体，也是中国首个田园主题旅游度假区。2012 年 12 月，T 项目在某地签约，开始落地实践，项目所在地区内交通发达，生态环境良好，自然文化景观丰富。T 项目规划总面积为 6 000 余亩，计划投资 50 亿元建设。项目以“美丽乡村”的大环境营造为背景，以“田园生活”为目标核心，以保护型开发培育为主，将项目开发与当地生产发展融为一体，在原有的生产结构基础上组织建设活动和生产行为，构建与自然和谐共生的关系。项目包含现代农业、休闲文旅、田园社区三大板块。现代农业板块，重点引入现代农业产业链的特色资源，在当地既有农业资源基础上，实现产业链深化和优化的双重提升，开拓区域农业发展新方向；休闲文旅板块，主要借助集团旗下文旅公司的优势资源，按照培育战略品牌和打造核心竞争力的发展要求，大力整合文化旅游资源，与品牌商家建立良好共赢的战略合作关系；田园社区板块，以“新田园主义空间”理论为指导，将农耕、生态、健康、阳光与都市人的生活体验交融在一起，旨在打造现代都市人的“桃花源”。2013 年 9 月，T 项目正式开工建设。从 2014 年 3 月，示范区开园，到 2017 年 1 月，度假村开业，经过 4 年多的落地探索、实践，T 项目规划建设完成 3 000 亩以水蜜桃产业为主的现代农业产业园和新田园社区，并在示范区内建成包括酒店、度假村、田园大讲堂、田园生活馆、书院、手工作坊、咖啡屋、市集、学校、田野乐园、面包坊等，多业态相融为一体的蜜桃主题乡村旅游度假区，成为长三角地区最具特色的休闲旅游度假目的地。2018 年，T 项目获评“中国最受欢迎亲子旅游目的地 TOP20”。

（二）T 项目的成功经验

1. 坚持“三产联动”与“三生融合”，构建复合产业链

“三产联动”是培育现代农业综合体、发展新型产业集群的基础。T 项目立足当地田园风光、特色农业及旅游资源，打造田园创意文化园，建立了一二

三产业相融合的复合产业链，使三产紧密联系互动，实现了农业生产、农村精深加工，以及市场、企业与农户的多方联动，丰富了产业形态，壮大了产业规模，提高了农业附加值，增强了产业竞争力。“三生融合”是生产、生态与生活三种功能空间的相互融合，是重塑乡村要素空间结构、建构新的“三农”功能关系体系的现实需要。T项目坚持绿色生态理念，通过农业、加工业、服务业的有机结合与关联共生，实现生态农业、休闲旅游、田园居住复合功能，使经济社会与生态环境和谐发展，实现了生产与生态之间的可持续发展、生态与生活之间的健康和谐、生产与生活之间的相互促进。

2. 坚持区域打造理念，凝聚乡村人气，促使新型社区发展

T项目结合项目区整个村落的现状，在充分分析优、劣势的基础上，进行统一规划、统一设计，打造田园综合体。项目以企业为主，政府搭桥，农民参与，以多方共建的方式开发，使项目区的产业规模化、集聚化联动发展，形成乘数效应。产业融合与产业聚集，同时为乡村人口回流创造了条件，促使外出务工的原住民回归，新村民“进村”，还有产业发展需要的人才、游客等流动人口进入，形成人员聚集与人气凝聚。这反过来也推动新型社区（小城镇）的建设发展，促进社区（小城镇）居住条件改善和服务体系完善，使服务于农业、休闲产业的金融、医疗、教育、商业等产业配套，以及服务于居民需要的金融、医疗、教育、商业等公共服务，相互促进发展，最终形成完善的产城一体化公共服务配套体系。

3. 坚持文化为魂，重塑乡村原味，赋予乡村新活力

城市过度发展，城市病凸显，人们更希望从乡村中寻找在城市中早已消失不见的中国传统文化，寄托心灵与乡愁。乡村独有的文化，是乡村的灵魂与纽带，是乡村活化的“根”。T项目满足了当代人对“田园生活”的渴望，通过乡村活化和田园生活回归，将生活与休闲相互融合，使现代都市人能重拾美好的田园生活。项目区为了呈现原汁原味的江南农村田园风光，在项目规划建设上，尽量保持当地乡村的实际风貌，保证乡村优质的空气、水、土壤和宁静祥和的环境，尊重地方特有的物产与风俗文化，保护自然风景。项目选取了十座老房子，以修旧如旧的方式进行修缮和保护，还保留了村庄内的古井、池塘、原生树木，最大限度地保持了村庄的自然形态。T项目注重对历史文化元素的挖掘，通过创意与新型兴产业融合，用文化内涵来提升产业价值，既延伸了产业链条，又形成了自己的独特魅力，使整个村落真正“活”了起来。

（三）T项目案例总结分析

T项目创新了项目参与主体的合作方式。该项目运作主体包括某投资公司、地方政府和当地村民委员会及村民。投资公司负责整体项目的规划与实施，在整个项目实施过程中居主导地位；地方政府为项目实施提供公共服务和政策支持，如项目规划的合理性与合法性的监督，以构建和谐的发展环境；村民委员会和村民，以村集体建设用地和农民闲置宅基地入股，作为项目的股东，参与项目决策与实施，同时村民还是参与产业生产的职业农民，休闲产业里民宿的管理者。村集体和村民的有效参与，既保障了村集体和村民的实际利益，又有效培育了农村发展的内生动力。这种合作框架，如果股权、职责与利益分配制度明晰，则有利于推动各方合作融洽，推动项目顺利实施。

T项目盈利依赖于地产与旅游，通过旅游消费和住房销售，实现“旅游+地产”的综合盈利模式。项目以农业为基础，通过助力现代农业发展，推动休闲旅游产业和房地产业发展，构建农业、旅游、地产多元融合的产业体系，推动生产、生态、生活相互融合，实现集生态农业、休闲旅游、田园居住为一体的复合功能。这种模式，在一定程度上解决了普通农旅项目的投资回收期长的问题，但考虑到土地政策与建设指标等的约束，这种模式并不适合大多数农旅项目。

T项目投入市场之初，取得了很好的反响，项目通过地产与物业，较快实现资金回笼，减轻了投资压力。而农旅项目的创意，也吸引了不少游客，凝聚了人气。但T项目在后续发展中，也出现了一些问题。一是投资企业在实际的农旅产业板块所占投资比重偏低，反而是当地社区投资比重较高，使得投资企业有借农旅投资名义“圈地”发展地产项目的嫌疑；而社区作为重要投资者，由于经营管理能力、机构性质、权责等因素，其运营管理能力不能满足日益激烈的市场竞争和日趋多样化的顾客需求，增加了项目后续经营风险。二是T项目在生态农业、休闲旅游、田园居住三个板块中，过分偏重后二者，忽视了作为产业基础的农业板块的景观价值与本土化食材价值，使农业在休闲旅游、田园居住两个板块上的增值效益未能得到充分发挥，一二三产业链衔接与融合未能达到项目预期。

二、P项目案例

（一）P项目基本情况

P项目是B集团公司跨界投资的农业项目。B集团公司成立于1996年，早期主要经营业务在工业和房地产领域。2009 年，集团公司成立农业发展有限公司，开始进入农业领域。与其他工商资本下乡不同，P 项目是 B 集团公司领头人，本着“发展农业、回报家乡”的情结，回乡发展的农业项目，具有乡贤资本回乡的性质。P 项目在集团公司领头人的家乡某村一次性流转土地 3 000 余亩，投资上亿元建设柑橘园。项目与科研机构和涉农高校开展技术合作，经过近 10 年发展，建成了以 W 默科特、塔罗科血橙、朝阳顶橙、卡拉卡拉红肉脐橙为主的 3 000 亩山地生态晚熟柑橘标准化示范园，同时培育了包括金秋砂糖桔、沃柑、爱媛 38 号、不知火、皇帝柑、鸡尾葡萄柚等超过 30 个品种的柑橘，是当地最大的多品种柑橘母本园和柑橘采摘园。为满足鲜果错季上市销售的需求和应对柑橘成熟期相对集中带来的采摘、销售压力，项目修建了 2 000 余平方米的洗、选果生产车间，引进全自动洗、选果生产线，配备了冷鲜库等设施设备，基本形成从生产到鲜果冷储、初加工的产业链。2015 年，P 项目着眼柑橘鲜果品牌与电商平台建设，率先与微信官方平台“微商户”合作，建成了“P 农业微商城”，并入驻中国农行“农行惠”、中国工商银行“融 E 购”、中国邮政“邮乐购”、中国移动“田园生活”等特定渠道电商平台和国联股份“蜀品天下”“58 食品网”等大综农产品批发网络平台，同时投资 200 余万元在城区自建 300 余平方米的“OTO 线下体验中心”，初步打通生产基地与消费者直接联系的通道。至此，柑橘“产+销”产业链基本建成，项目区系列产品远销东南亚、俄罗斯和我国东三省、内蒙古、广东、广西、福建、江西、贵州等地。2015 年，P 项目结合柑橘园建设，进入农旅融合发展阶段，开始推进创意文化广场、农耕文化长廊、花海迷宫、四季花果采摘园、风情农庄等项目建设，但由于项目高层人事变动，项目发展并不顺利。

（二）P 项目案例分析

P 项目作为乡贤资本回乡，抱着发展农业、带领乡亲致富的理想，在 10 年的发展中确实促进了当地农民增收。首先是土地租金，2009 年，P 项目流转土地，土地租金略高于当时的市场价，10 年来，该项目从未拖欠过农户土地租金。其次是劳务费，据不完全统计，P 项目常年为村民提供 200 人左右的就业岗位，每年支付当地村民从事果园生产管护的劳务费用 300 余万元，促进当地村民年人均增收 1 万元以上。最后，集团公司还在当地开展捐资助学、敬老扶贫等活动，为村民安装天然气、改善环境和建设敬老院等。多年来，P 项目累计捐款接近 6 000 万元，特别是持续向当地敬老院捐赠土猪，向入院老人捐助生活费，给予当地 90 岁以上的老人、生活困难户生活补助等，真正做到了回馈乡里。

但是从投资效益分析，P 项目经过 10 年发展，不仅尚未实现投资回收，甚至尚未真正实现盈亏平衡。当地政府对 P 项目的建设发展从产业政策到资金扶持给予了大力的支持，但跨界投资的 P 项目，仍然面临很多问题，如果不能尽快扭亏为盈，P 项目的可持续经营则面临新的危机。调研发现，P 项目案例的发展，存在以下三个问题。一是经营管理人才问题。P 项目作为 B 集团公司跨界投资的农业项目，一开始就实施职业经理人经营制度，但在农业领域，既懂技术和管理，又了解市场综合性的精英农业职业经理人有限。加之 P 项目对职业经理人实施聘任制，而缺乏股权激励机制，对职业经理人的激励与约束不强，使项目实施以来，高层经理人几经变动，项目建设发展受到很大影响。二是发展思路问题。P 项目所在地距离城区近，又临近高速路口，具有良好的地域优势，项目从农业起步，逐渐转向农旅融合模式，发展思路正确，但受上层经营管理人才变动影响，项目发展思路很难持续贯彻。跨界投资的集团公司上层，由于缺乏对农业项目的了解，受频繁变动的经理人的影响，对项目发展思路与定位把控不足，使很多发展规划项目中途转向，不仅造成投资浪费，而且影响项目发展。三是亲戚乡邻管理问题。P 项目所在地是投资集团公司领头人的家乡，项目投资之初既有公司扩展业务的需要，也有回馈家乡的情结，故项目落地后，一大批亲属乡邻进入项目区工作，其中不少亲属不是根据农业生产季节需要来务工，而是作为固定职工进入项目，甚至参与生产管理。亲戚乡邻进入项目，不仅影响了职业经理人的管理，也增加了企业负担。加之这些亲属，不管是否工作，都能领取固定工资，使项目运行成本增加。可见，乡贤资本回乡，一开始就要给亲属乡邻建立规则意识，而不能使项目成为亲属乡邻的福利院和养老院。

三、F 项目案例

（一）F 项目基本情况

F 项目也是一个乡贤资本回乡投资案例。该项目投资人，是项目所在地村民，多年在外经商，是当地有名的“能人”。2011 年，该乡贤回乡，看到当地产业发展滞后，耕地撂荒多，加之国家惠农政策的利好消息较多，于是携资本回乡，在当地成立农业企业并流转 3 000 余亩耕地，发展农业产业。F 项目的初衷是打造种养结合、农旅融合的产业体系。项目在流转的 3 000 余亩土地主要种植樱桃；另通过设施建设用地与租赁农房，建设标准化养殖圈舍，发展黑山羊养殖产业；同时建立了一座规模 10 余亩的温室，种植草莓、蓝莓、西瓜等水果，完善了办公、住宿、餐饮等设施。到 2015 年，F 项目投资超过 5 000 万元，其中投资的黑山羊养殖项目，因为品质出众，2013 年基本达到盈亏平衡，2014 年开始有利润。但投资的樱桃却遇到问题，2014 年开始挂果的樱桃，由于是本地的樱桃品种，虽然味甜，但果小皮薄，不耐采摘与运输，只能高位嫁接大樱桃品种，到 2017 年才开始重新有新挂果，2019 年大樱桃产量才逐渐达到盛产。也就是说，2011—2017 年，F 项目中投资与管理成本较高的樱桃园，基本一直处于投入阶段。另外，项目投资的温室大棚与餐饮住宿板块，也难以达到项目初衷，游客寥寥，温室大棚的水果作为有机水果，只能沦为普通水果批发出售。F 项目的投资者，从 2016 年，就已经进入进退维谷的困境，退出项目，找不到可转让接受者；继续项目，每年的土地租金、管理费、劳务费等，都是一笔不小的开支，而项目本身经营收入不多，甚至不一定能保证劳务费一项的支出。这种情况到大樱盛产后略有好转。但近年来，我国国内大樱桃产业发展迅速，大樱桃价格整体下降，F 项目错过了最好的发展机遇。

（二）F 项目案例分析

F 项目是一个不成功的乡贤资本回乡投资案例，F 项目的失败，主要有以下几个方面的原因：

一是项目投资定位盲目。F 项目的初衷是打造种养结合、农旅融合的产业体系，这个定位契合市场需求，但却没有考虑项目区的资源禀赋条件。F 项目基地地处西南丘陵山区，樱桃基地多为坡地，而项目配套的办公、食宿，以及温室大棚、山羊养殖基地，均位于海拔 1 000 米以上的高山。F 项目基地距离最近的集市有 10 千米左右的盘山公路，弯多路陡，只有部分道路硬化；距离当地的县城 70 余千米，无高速路，只有已硬化的普通乡镇道路（乡镇到县城部分）；距离当地省会超过 400 千米，县城到省会城市有高速通达。从地理位置与交通条件分析，F 项目的目标市场，特别是旅游市场，主要以县域范围内的客户群为主，但即使是从县城到项目基地，也需 3 个小时左右的车程。项目最初计划与当地学校合作，把基地打造为义务教育阶段学生的农耕实践体验教学基地，但由于位置与交通条件并不好，学校顾虑安全问题，该计划实施遇冷。

二是项目产业选择盲目。F 项目中最重要的樱桃园项目，90%的流转的土地种植了樱桃树，但项目在品种选择上却缺乏清晰的市场分析，盲目种植了本地樱桃。本地樱桃尽管味道不错，但果小皮薄，一是不符合高端市场需求定位，二是增加了采摘与运输难度。樱桃成熟期比较密集，山地地形增加了采摘与运输难度，果实采摘运输过程中极易碰伤变色，果实损耗大。为此，项目在樱桃挂果后，不得不嫁接大樱桃，使樱桃项目的成熟采收期耽误了好几年，错过了最佳发展期。

三是项目管理混乱。F 项目的投资者尽管出生在农村，但长期在工矿行业打拼，对农业的经营管理与农产品市场了解不够，导致项目日常经营管理混乱。一是投资者对项目经营管理粗放，甚至对公司经营的很多数据与情况一无所知，缺乏专业的职业经理人管理；二是负责项目日常具体事项的管理人员素质低，且公司缺乏对基地管理人员的奖惩机制与监督机制，造成很多管理失误。如水果集中采摘的时间观念不强，使采收不及时造成浪费；养殖场喂饲时间不准时；林下种植不细致，损害果苗等。

纵观上述三个案例发现，我国工商资本下乡，特别是在农旅融合模式的实践案例中，成功案例少，失败案例多。工商资本下乡经营农业失败的原因，既有对政策制度理解不深，造成的“越红线”现象，如大棚房整治过程中出现的大量问题；又有工商资本盲目下乡出现的定位不清、管理不善等问题，上述 P 项目和 F 项目真实反映了这些问题；还有的工商资本下乡后，农业企业经营亏损，出现了“跑路烂尾”现象。2018 年，《经济参考报》记者在湖南、黑龙江、山东、广西等地实地调研发现，这些地区工商资本下乡后企业“跑路”现象频发。可见，工商资本下乡，应当重视投资前期的调研分析，谨慎决策。

第三节　工商资本下乡可能面临的风险与问题

一、风险与问题

（一）基础设施配套不足

工商资本下乡一般进行规模化、集约化经营，对农业基础设施，如与外界联通的道路和田间道路、生产区的宜机化程度、农业灌溉设施等要求更高。如果是农旅融合项目，除了进出项目区的道路外，还需要配置公共交通、公共卫生间、停车场等公共设施。但调研发现，一些工商资本下乡投资，在项目地址选择上，往往容易忽视基础设施配套条件，其中不少项目在落地后，才发现面临基础设施薄弱的短板。如某企业，在距离城市 60 多千米，海拔 1 000 米左右的山上，投资建设以特色苗木种植及生态观光旅游的园区。项目选址之初，看中了项目区周边近 4 万亩原始森林，森林以枫树为主，春夏秋冬，可以看到枫叶色彩的变化，同时森林中还有名贵珍稀花木逾百万株，使园区观赏性较好。但项目一开始运营，基础设施短板就显现出来：离城区远，且山路弯多路窄，公共交通缺乏，只能依赖自驾游客；景区附近停车场不足，节假日停车位不够，一些车停在路边，致使狭窄的山路交通堵塞瘫痪；卫生间配套不足，游客如厕难，随地大小便现象频发；景区及周边食宿条件差等。该企业开业运营几年后，不得不停业。

（二）产业选择与经营规模问题

工商资本下乡，在产业选择上，比较容易受个人偏好影响，而缺乏充分的市场调研与准确的市场定位，使一些项目盲目落地，又不得不中途转向。调研发现，在种植业领域，中途转换品种的现象不在少数，如有的项目最初选择种植枇杷，到挂果期才发现挂果不佳，果实口感不好，多方研究发现是气候问题，不得不换成其他果树，白白耽误数年时间。有的项目中，同一种类果树种植规模较大，却没有进行早中晚熟品种搭配，到成熟期才发现采摘期过于集中，出现了人工不足、可开展采摘活动期短等问题。还有的项目急于铺摊子、造声势，一味追求规模，而忽视产业差异与地理条件，如果是在机械化程度较高的产业（如水稻、小麦等产业）与地区（平原地区），一定的规模可以形成规模效益；但如果是山地梯田等，只适宜小型机械化，甚至不能机械化的地区，或者有的果蔬产业，属于劳动力密集型的过渡规模化，则适得其反。

（三）劳动力短缺与劳动力成本高

多年来，我国大量农村人口向城市流动，当前很多农村不再是劳动力剩余，而是劳动力不足。特别是生产季节，需要大量劳动力，但当前留村劳动力有限，不少企业只能依赖于农村老年人；有的地方老年人数量也不足，需要到较远的地方聘请，每大包车接送，不仅增加了企业成本，还增加了安全风险。随着我国人口红利趋于消失，劳动力成本上升，农村劳动力成本也随之上升。调研发现，最近 5 年，我国农村劳动力成本平均上涨了 30%左右，一些具有技术性的工种，上涨甚至超过 50%。

（四）科技与信息服务供求对接渠道不畅

工商资本下乡，大多属于跨界投资，对农业本身了解不多，因此在项目实践运行中，需要专业的项目规划、市场分析、经营管理、生产技术等综合性科技服务。但调研发现，目前企业很难通过一个渠道或平台获得所需要的综合性科技服务。有的工商资本下乡，会与当地农业科研院所和高校开展技术合作，但这些科研机构学科体系分界清晰，企业一般与生产相关的专业技术学科开展合作，较少与其他学科联系，更遑论同时获得不同学科综合性团队的科技服务，这既是当前工商资本下乡遇到的普遍问题，又是当前农业科技服务的缺陷。工商资本下乡的一个明显特点是完全市场化经营，农产品的市场需求，是影响经营成败的重要因素，这需要企业及时掌握农产品市场信息。但不少工商资本下乡，对农产品市场调研与预判不足，使企业定位高端的农产品最终流入批发市场，甚至面临市场过剩问题。有的农旅融合项目，既需要农业科技信息，又需要旅游行业市场信息服务，但当前科技与信息分散，供求双方对接渠道不畅，一些项目在缺乏综合客观评估基础上盲目投资，最终大多进退维谷。

（五）与农民和谐相处的问题

工商资本下乡，拓宽了农民的收入渠道，大多数情况下，工商资本企业与当地农民的关系比较和谐，但也存在一些不和谐的现象。一方面，不排除企业与农民争利造成的利益冲突；另一方面，则是农户小农思想与规则意识缺乏造成的纠纷。调研发现，不少下乡企业在经营过程中，都或多或少遇到与农户相处的问题。如有的农户看到企业经营好，不遵守合同约定，坐地涨价，干扰企业经营；有个别农户受思维习惯影响，有小偷小摸的习惯，给企业管理增加难度；还有的农户，看到企业流转土地种植果树，果树间隙大，就在已流转的土地上继续种植蔬菜等作物，出现损害果苗和果实等现象。这些现象，处理不好，就会激化企业与村民之间的矛盾，影响企业与村民长期和谐共处，既不利于企业发展，又不利于乡村经济社会发展。

（六）招商政策与实际情况的出入情况

近年来，一些地方政府为了吸引工商资本投资，加大招商引资力度，把招商引资作为地方重点工作，推出了重点招商项目、主管单位保姆式全程代办服务、行政服务中心一站式审批服务等招商政策，为工商资本下乡建立了良好的服务平台。但有的地方在招商引资过程中存在“浮夸”现象，甚至突破政策约束，给予较多承诺或优惠政策。如对基本农田开“非粮化”“非农化”口子；对企业承诺超过标准规定的设施建设用地指标；承诺政府项目配套与财政扶持政策等，以吸引更多资本盲目进入。但项目落地后，却可能出现当初的承诺无法兑现，或突破法律红线等现象，增加企业投资风险，严重时可能造成工商资本跑路，引发社会风险。

二、降低工商资本下乡风险的建议

（一）深度理解农业农村相关文件与政策

近年来，我国出台了大量惠农政策，这些政策，成为吸引工商资本下乡的主要因素。但工商资本下乡，涉及的农业农村领域相关政策与法律较多，对政策一知半解，可能导致资本投资受损。因此，工商资本下乡，应深度理解农业农村相关的文件与政策。一是应充分学习国家层面的重要的惠农政策与文件，了解国家当前农业农村发展的主要方向、重点支持的领域与产业等；二是应了解如《中华人民共和国土地管理法》《基本农田保护条例》《中华人民共和国环境保护法》《中华人民共和国森林法》等农业农村相关的法律法规，规避投资越界；三是应了解拟投资项目区当地的招商政策、产业政策、保险政策、金融政策和土地利用规划等地方政策，减少项目进入壁垒，降低进入成本。

（二）做好前期市场调研与分析

近年来，下乡的工商资本多是房地产、工业等领域的企业的跨界投资。跨界资本具有资金优势，但对农业生产与经营的性质缺乏了解，对农业生产缺乏核心技术和经营管理经验。因此，工商资本下乡，应做好前期市场调研与分析，如果没有进行充分的市场调研、详细的成本预算和风险预估而盲目下乡，可能会面临较高的投资风险。前期市场调研与分析，既要立足自身资本实力，立足拟投资地区的资源禀赋，分析资源优势与不足、产业基础与优势、农户合作意愿与利益诉求等，又要分析国际国内相关农产品供求市场和农旅消费市场，使工商资本能进入适宜领域，避免“入错行”、走弯路，使工商资本的产业选择与目标客户群定位更精准。

（三）建立企业与农户的利益链接机制

工商资本下乡，应建立企业与农户的利益链接机制，使企业与农户利益共享、风险分担，实现共生共赢，构建农户与企业的和谐共融关系。建立企业与农户的利益链接机制，应结合当地资源禀赋条件、项目盈利模式、生产经营方式等，通过吸纳农民土地、宅基地和农房等资源入股；应依托集体经济、合作社等平台，与企业建立合作经营的平台；应通过订单农业等方式，构建新型合作模式。建立合理的利益分配机制，有利于降低企业进入壁垒与成本，拓宽农民收入渠道，增加农民收入，构建家庭经营与合作经营相结合的新型农业经营体制，促使工商资本下乡产生的增值收益与集体和村民共享，有利于推动农业农村经济社会发展，推动乡村振兴。

（四）建立专业化管理团队

农业产业发展，特别是农旅融合模式的发展，既涉及农业技术、农产品市场、旅游市场等专业领域，又涉及农业生产与旅游服务等环节的细节管理与品质监督。对于跨界工商资本而言，这是一个全新的领域，照搬原来工业化经营管理方式，必然会出现“水土不服”的现象。工商资本下乡，应建立专业化的管理团队，创新管理模式，因地制宜，对投资项目进行专业化与精细化管理；应把项目管理与人才管理有机结合，创新激励措施，充分激发内部管理人才、专业技术人才与劳务性人才的积极性；应加强与农业科研院校的合作与信息交流，充分利用外部人才与农业科技创新成果。

（五）培育企业的核心竞争力

忽略那些打着“农业”的幌子，以套取国家补贴或圈地等为目的工商资本；良性工商资本下乡，获利的重点一般在产品与服务上，培育企业的核心竞争力，重点就在产品和服务领域。应加强全产业链质量监控，保障产品质量，推进农产品保鲜与精品化包装，同时深化精深加工与产品开发，打造蕴含公司文化的农产品品牌，培养消费者对产品品牌的忠诚度；应提升服务水平，如在产品开发与包装、产品质量追溯、产品供给方式等方面，根据消费者需求提供更便捷与温馨的服务；应在旅游服务方面，提供更多创意创新服务等。企业的核心竞争力，不一定“高大上”，但一定要独特，要有“不可替代性”，它可能体现在有形的产品上，也可能凸显于无形的服务与文化中。

第十章　农村集体经济改革与农旅融合模式实践案例

第一节　农村集体经济改革

一、农村集体经济

集体经济的核心是集体所有制，以集体所有制为基础的生产经营活动都可归入集体经济范畴。我国的集体经济是伴随新中国成立之初，对农业、手工业和资本主义工商业的社会主义改造而形成和发展起来的，并在城乡分割基础上形成了农村集体经济和城市集体经济。

农村集体经济的概念，随着农村改革发展分为传统农村集体经济和新型农村集体经济。传统农村集体经济概念，形成于 1953 年至改革开放前。1950—1952 年，农村土地改革的完成，激发了农民的生产积极性，农村经济与生产力都得到了恢复和发展，但传统小农自身的局限性和落后性，以及农民土地所有制与我国社会主义性质不符。1953 年，我国开始对农业进行社会主义改造，由此拉开了我国对农村集体经济探索的序幕。经过互助组、初级社、高级社的发展，到 1956 年底，我国基本上完成了对农业的社会主义改造，实现了土地等主要生产资料的私有制向集体所有制过渡。1958 年，人民公社成立，废除了一切私有财产，原属于高级社的生产资料无偿归公社所有，实行“三级所有、队为基础”的经济管理体制。与这段历史时期相适应，我国形成了传统农村集体经济概念，即在土地等主要生产资料归集体所有（公社内三级所有）的前提下，与计划经济体制相适应，以生产队作为基本核算单位，农民集体生产、集中劳动、集中管理、统一分配。新型农村集体经济概念，在改革开放之后形成。1978 年，家庭承包经营责任制打破了人民公社时期集体所有、高度集中统一经营的农业生产经营方式，土地等主要生产资料的所有权与使用权相分离，形成了集体统一经营与家庭分散经营相结合的双层经营体制，实行了“交够国家的、留足集体的、剩下都是自己的”分配制度，扩大了农民的经营自主权，释放了农民的生产积极性。随着农村改革深化，市场经济体制逐步建立和完善，分散的小农户无法有效对接大市场，迫切需要农村集体经济发挥“统”的功能。但农村集体经济产权的模糊，成为农村集体经济发展壮大的障碍。现实矛盾和需求激发了对农村集体经济改革的探索，各地围绕农村集体经济产权改革，形成了一些新的农村集体经济实现形式，中央政策和文件也对改革给予肯定，农村集体经济发展进入新阶段，新型农村集体经济的概念逐渐形成。这一时期的新型农村集体经济，主要指与社会主义市场经济体制相适应，实行基本生产资料和资产的共同所有和按份所有，农民根据一定区域与产业，按照自愿互利原则组织起来，在生产和流通环节实行某种程度的合作，在组织内实行民主管理，在组织外实行市场化运作，实现统一经营与承包经营的有机结合，所得收益实行按劳分配与按要素分配相结合，实现集体成员利益共享的公有制经济。

2016 年 12 月，中共中央、国务院出台的《关于稳步推进农村集体产权制度改革的意见》，第一次明确界定了农村集体经济的概念，即“集体成员利用集体所有的资源要素，通过合作与联合实现共同发展的一种经济形态，是社会主义公有制经济的重要形式”。我国农村集体经济的发展经历了 70 年，农村集体经济的内涵及其组织形式不断深化与创新，并形成了以下几个明显的特点：①土地集体所有是集体所有制的核心，以此为基础形成的经济积累和共同财产是集体经济组织从事生产经营活动、拓展经营范围的重要依托；②集体经济具有较为清晰的成员边界，集体经济的一般成员较为固定，管理人员和从业人员多来自集体经济组织内部；③集体经济组织与相应层级的政府组织或治理主体相重合，普遍存在村民委员会代行村集体经济组织职能的情况；④除农业外，集体经济可以延伸到二、三产业，集体经济组织可以设立各种经济实体，开展多种经营；⑤集体经济组织承担着多种职能，包括公共服务、乡村治理等；⑥一些集体经济组织进行了企业化改造，建立了现代企业制度。

二、农村集体经济组织

（一）农村集体经济组织的内涵

农村集体经济组织产生于1950年农业合作化运动，带有与生俱来的政治属性。但一直以来，有关“农村集体经济组织”的内涵没有明确界定。“集体经济组织”作为法律概念，始于1982年的《中华人民共和国宪法》（以下简称《宪法》）。之后，其被民事法律所采用，并频繁出现于包括现行宪法在内的诸多法律法规、中央文件中。但遗憾的是，现行法律没有对其内涵做出明确规定。《宪法》第8条指出，“农村集体经济组织实行家庭承包经营为基础、统分结合的双层经营体制”，主要是对农村集体经济的经营体制做出规定。《中华人民共和国物权法》（以下简称《物权法》）第60条中，“集体经济组织”被界定为集体所有权的行使主体之一，与村民委员会以及村民小组并列。总结相关法律与文件可以发现，在法律定位上，农村集体经济组织是“农民集体”的代表主体和意志表达主体，是我国社会主义集体所有制的最终体现；在职能目的上，农村集体经济组织除了要向集体成员分配收益之外，还需要承担一些基础设施建设、公益事业等集体公益职能，其法人化的根本目的是最大化对股东（成员）的社会保障力；从历史维度来看，由于农村集体组织是人民公社部分职能的承接主体，因此，在其实现公共职能时，也需将当前和日后新增成员和本社区的长久发展作为考量因素。

（二）农村集体经济组织的“法人特殊性”

在《中华人民共和国民法总则》（以下简称《民法总则》）颁布之前，我国农村集体经济组织尚不具备或难以具备法人地位。2017年10月，《民法总则》实施，将农村集体经济组织定性为“特别法人”。农村集体经济组织的法人特殊性，主要表现在成员资格和成员权利、财产构成、治理结构和经济职能四个方面。

首先，关于成员资格和成员权利。农村集体经济组织成员资格的取得与农民的户籍与土地密切相关，即“有身份则有权利，无身份则无权利”。由于土地利益是农村集体经济组织成员的核心利益，但集体土地的多重功能，又使得成员资格认定标准复杂化；各地历史传统不同，风俗各异，使各地农村集体经济发展实践中，集体经济组织成员资格确认存在不少差异与争议。此外，我国现行法律制度未对农村集体经济组织的成员权利进行系统规范，一定程度上也影响了农村集体经济组织成员权利的实现。

其次，关于农村集体经济组织的财产构成。农村集体经济组织脱胎于人民公社，其财产来自历史的积累，包括资源性财产、经营性财产和非经营性财产，其中大部分财产属于国家或集体，具有一定的公共利益属性。农村集体经济组织拥有的财产的公共利益属性，使其不能因债务无法清偿而导致法律人格消灭，使农村集体经济组织在合并、分立、解散等本应是法人变更的正常程序中凸显其“与众不同”，也成为农村集体经济改革中的争议与难点。

再次，关于治理结构。农村集体经济组织的股东身份具有明显的社区性和封闭性，通过资格与资产量化活动“股权”，更多体现内部福利性质，变相造成股东不直接承担经营性风险，不利于集体经济的良性循环发展。

最后，关于经济职能。农村集体经济组织建立在公有制基础上，作为联系公有制和所有权的媒介，农村集体经济组织在职能性质上表现出强烈的公有性职能性质。从历史视角看，农村集体经济组织一直存在“政经不分”的问题，村党组织、集体经济组织和村自治组织甚至共用一套班子，导致行政权、对集体经济的控制权、自治组织的领导权等权力交叉重叠。通常情况下，村级行政组织对集体经济具有控制力，使农村经济组织行政化，经济职能难发挥。

（三）农村集体经济组织与村民委员会

我国农村长期以来的“政经不分”，使村集体经济组织与村民委员会，在职能上相互交叉，在机构与人员上混用。一般来讲，农村集体经济组织与村民委员会分别承担集体经济经营管理事务和村民自治事务，二者之间不存在行政从属关系，并且各自的性质和职能也不同。

但从现行的法律来看，农村集体经济组织与村民委员会确实边界不清。如《中华人民共和国村民委员会组织法》第 8 条提到，村民委员会应当尊重并支持集体经济组织依法独立进行经济活动的自主权，维护以家庭承包经营为基础、统分结合的双层经营体制，保障集体经济组织和村民、承包经营户、联户或者合伙的合法财产权和其他合法权益。从这里看，二者在职能上是分开的。但第 8 条同时指出，村民委员会依照法律规定，管理本村属于村农民集体所有的土地和其他财产，引导村民合理利用自然资源，保护和改善生态环境，又表明二者的职能存在交叉。另外，《中华人民共和国土地管理法》提到，关于集体土地由村集体组织或者村民委员会经营管理；《物权法》中，也有关于集体所有权由集体经济组织或者村民委员会代行等规定。这种边界模糊，在一定程度上呼应了乡村行政边界和集体土地边界重合的现实状况，在农村集体经济组织发展式微情况下，能发挥村民委员会的替代效用。但农村集体经济组织与村民委员会边界不清、职能不分，加之村民委员会过度干预，又会导致集体经济组织形同虚设，经济功能完全弱化。若农村集体经济组织不能发挥经济职能，集体经济“空壳化”，缺少经费来源的村民委员会，也很难履行一些村庄治理的职能。2016年，中共中央、国务院印发的《关于稳步推进农村集体产权制度改革的意见》提出，有需要且条件许可的地方，可以实行村民委员会事务和集体经济事务分离。北京、上海、江苏等地对此已进行了许多有益的探索，随着农村集体经济改革深入，农村集体经济组织与村民委员会职能分离、财务分离必然加速。

三、农村集体经济产权制度改革

在“统分结合”的双层经营体制下，农村家庭经营的“分”得到充分体现，而农村集体经济组织的“统”却被忽视了。农业部门数据显示，2015年，在全国58.4万个村中，全年没有任何集体收益的村占比高达55.3%，年收入5万元以下的村占比21.7%。收入拮据使集体经济组织无法充分发挥统一经营的作用。

2008年，党的十七届三中全会通过《关于推进农村改革发展若干重大问题的决定》指出，统一经营要向发展农户联合与合作，形成多元化、多层次、多形式经营服务体系的方向转变，发展集体经济、增强集体组织服务功能，培育农民新型合作组织，发展各种农业社会化服务组织，鼓励龙头企业与农民建立紧密型利益联结机制，着力提高组织化程度。我国农村集体经济发展与改革开始进入新阶段，相关的政策文件相继出台。2013年中央一号文件中指出，因地制宜探索集体经济多种有效实现形式，不断壮大集体实力是激发农业、农村发展活力的内在要求。2016年年底，中共中央、国务院印发《关于稳步推进农村集体产权制度改革的意见》，对深化农村集体产权制度改革进行了系统全面的部署，明确了改革的目标方向、推进原则和重点任务，自此我国农村集体产权制度改革正式启动。2017年10月，《民法总则》实施，将农村集体经济组织定性为“特别法人”。2018年，农业农村部、中国人民银行和国家市场监督管理总局发布《关于开展农村集体经济组织登记赋码工作的通知》，有力推动了农村集体产权制度改革，各地纷纷组建新型农村集体经济组织。2020年，中央一号文件再次强调，要全面推开农村集体产权制度改革试点，有序开展集体成员身份确认、集体资产折股量化、股份合作制改革、集体经济组织登记赋码等工作。

农村集体产权制度改革，是巩固和发展壮大村级集体经济的关键，是推进乡村振兴的重要内生动力源泉，是全面深化农村改革的重大任务，也是我国当前和未来一段时期农村制度改革的重头戏。随着我国农村集体产权制度的全面深入推进，各地农村集体经济组织如雨后春笋般涌现出来，并在乡村产业振兴领域，发挥着越来越重要的作用，形成了很多有价值的案例。

第二节　农村集体经济组织引领村庄发展农旅融合模式的案例

一、Y 村集体经济及农旅融合发展案例

（一）Y 村集体经济的发展

1. Y 村基本情况

Y 村位于中国陕西关中平原腹地，距离西安 60 余千米，距离咸阳 40 余千米，车程均在 1 小时内，具有一定的地域优势。20 世纪 70 年代以前的 Y 村，还是一个贫困村。改革开放后，Y 村大力发展集体经济和村办工业，发展了小煤矿、小钢铁厂、小化肥厂、小水泥厂和小机械厂“五小企业”。2000 年后，随着国家产业政策调整，“五小企业”相继关停，加上老的集体企业产权不清、经营不善等问题，Y 村企业纷纷倒闭。之后，Y 村经过几年摸索与考察，认为发展集体经济必须依靠“三产融合”，只有依托产业，形成闭环产业链，农民才能在农产品生产、加工、销售、物流等链条中实现利益最大化。在此过程中，还应把农村田园风光、乡土文化等乡村原生态的生产生活方式作为核心竞争力，在“三产融合”下实现“农业强，农村美，农民富”。因此，2007 年，Y 村立足集体经济发展，以民俗文化为魂，以美丽田园为韵，以生态农业为基础，以乡村旅游为产业发展突破口，全面推进农旅融合模式发展。经过 10 余年的发展，目前，Y 村建有停车场、观光小火车、客运公司等旅游相关服务企业 6 个，建有菜籽油、豆腐、醪糟、酸奶等加工企业 10 个，建成菜籽、玉米、大豆、红薯、蔬菜、辣椒等优质农产品基地 14 个。

2. Y 村的集体经济发展

2007 年以来，Y 村在村党支部书记的带领下，以农旅为突破口，以村庄为载体，以村民为主体，通过股份制改革，经过一系列创新实践，探索形成了

以三产带二产连一产的“三产融合”发展体系，以股份合作为纽带的共建共享共富的分配体系，以党建引领、政经分离为基础的自治法治德治“三治合一”的乡村治理体系，以新农民、新技能为主体的大众创业、万众创新的经营体系。这些体系有效解决了农村集体经济发展的资源投入不足、活力下降、管理松散、联系不畅、监管困难等问题，成功探索出一条实施乡村振兴战略的新时代农村集体经济发展道路。

Y 村集体经济的发展，以产权共有为核心，实现全民参与、入股自愿，既强调清晰的个人产权，又形成了利益共同体，实现了所有权、经营权、收益权的高度统一，提高了生产要素的自由流动，促进了集体与农户利益的均衡发展。Y 村集体经济股份制经营模式中主要包括 5 类股：基本股——为盘活闲置资产，又便于把农户个体利益与集体利益紧密联结，Y 村将集体资产进行股份制改造，集体保留 38%，其余 62%量化到户，每户 20 万元，每股年分红 4 万元，只有本村集体经济组织成员才能持有；混合股——Y 村每一个商户，每一家农户的持股结构都不一样，既有资本入股，又有技术入股、管理入股等，加入合作社的农民既有 Y 村的，又有周边其他村的，形成了混合持股的结构；交叉股——旅游公司、合作社、商铺、农家乐互相持有股份，共 460 家商铺交叉持股，村民可以自主选择自己入股的店铺，入股的村民范围已扩充到在 Y 村的各类经营户；调节股——针对经营户收入高低不均的现实，村里将盈利高的商户变为合作社，分出一部分股份给低盈利的商户，以缩小他们与高收入商户的差距；限制股——在合作社入股过程中，全民参与、入股自愿、钱少先入、钱多少入、照顾小户、限制大户，股份少的可以得到较高的分红，股份超过限额的分红就会按相应比例减少。

Y 村在集体经济发展壮大过程中，始终秉承共建共享共同富裕的理念，在兼顾公平效率的前提下，调整利益分配方式，缩小收入差距，不但使本村群众走上了致富路，更带动了周边近万人增收致富，还吸引了一批人才来到 Y 村开启创业之路。一是“以长补短”，即设置调节股，将高收益和低收益的商户的利益绑定在一起，使发展慢的商户共享高收益项目分红，发展快的商户督促指导低收益项目，实现了“共同致富”。二是“以强扶弱”，先后组织周边村近千户群众在 Y 村创业增收，为贫困户提供摊点 108 个；将全镇 128 户贫困户以每户 5 万元的形式入股合作社，扩大实施进城体验店项目，逐步带动全镇脱贫。三是“以点带面”，以 Y 村为龙头，推行“一点促全域，一村带十村”的乡村旅游发展模式，集中周边东周、西周等 10 个村，联合建设大社区，实现了“富一村带一片”的效果。四是鼓励“大众创业、万众创新”，搭建农民创业平台，通过农民学校对村民进行教育和培训，并提供优惠政策和基本条件，让村民分期分批低成本或无成本进入各经营领域。村集体还投资建设风格统一的农家书屋、酒吧街、创意产业园等社区和景区，不仅免收费用，有的甚至由村集体经济组织给予补贴，填补了旅游项目的空白，吸引了众多人才带着自己的特色项目进入，共同推动Y村发展。经过10余年发展，Y村集体经济取得了飞跃发展。从2007年开始，村集体经济积累1 700万元，农民人均收入8 600元，到2017年，村集体经济积累达到21亿元，农民人均收入达到7.5万元。

Y村在集体经济发展中，打破过去村党组织、村民委员会和村集体经济组织“三位一体”“政经不分”的治理模式，让村级组织的“三驾马车”实现“三个分开”。一是职能分开。清晰界定党支部、村民委员会、集体经济组织的职责和任务，确保各个组织按照各自职能规范运作。党支部强化领导、引导和监督职能，村民委员会回归管理、服务职能，集体经济组织回归集体资产经营管理职能。二是管理分开。对党支部、村民委员会、集体经济组织人员的选任、撤免、职责、考评、薪酬等方面进行分离管理。党支部书记不兼任村集体经济组织领导成员，以便其发挥对村民委员会和集体经济组织的领导和监督作用；村民委员会委员不与集体经济组织成员交叉任职，也不直接参与集体经济经营活动。三是账目分开。理顺集体资产产权关系，将非经营性资产确权登记在村民委员会名下，将经营性资产确权登记在村集体经济组织名下，同时分设行政账和经济账，实行资产、账务和核算分离。

（二）Y村农旅融合模式的发展实践

Y村农旅融合模式发展始于2007年。当时，当地政府实施“旅游活商”发展战略，Y村成为乡村旅游发展的试点村，可以享受增加建设用地指标等扶持政策。以此为契机，Y村提出利用村庄废弃工业建设用地，打造“关中民俗”文化街，村集体投资建设康庄老街，进行关中特色农副产品（主要为豆腐、油、辣椒、面粉、醋）的现场制作和销售，同时动员村民改造住房，开办农家乐。在发展初期，客流量很小，村里对外来经营者给予优惠的创业条件，提供零成本土地，并统一购置经营所需物资，甚至发放人员工资，以维持关中民俗“活文化”展示。同时村里也有村民响应村庄转型号召，开办农家乐。2010年年初，Y村旅游人数大幅增长，手工作坊式的农副产品销售出现供不应求的现象。于是村集体出资300万元，在村里建设了小吃街，采取免租金

5 年的形式吸引外来商户在此经营。小吃街与康庄老街均由村集体和村内精英出资（资金与资产），外来经营者则投入人力资本。在起步阶段，为了留住外来经营者，小吃街和康庄老街的经营性收入完全归属于外来经营者。外来经营者因其文化创意和经营能力，拥有超额的剩余索取权，包括店铺等固定投入所产生的增值收益。2012 年，为了进一步扩大农副产品经营规模，村集体与农副产品经营者沟通，改变其家庭经营模式，吸纳村民和外来经营者资产资金入股，创新利益链接机制，建立股份合作社，扩大生产规模。2015 年，小吃街 5 年免租金的优惠政策到期，开始采用股份合作社形式经营，允许村民用土地或现金入股小吃街，其中，土地每亩折算 5 万元，总额不超过 20 万元，不足部分可用现金代替；土地折价超过 20 万元的，超过部分全部折算为股金。为平衡小吃街经营收益差距，小吃街的股份合作社增设调节股，平衡经营者收益，避免恶性竞争。

Y 村的农旅融合模式发展，首先瞄准城乡居民对传统乡村民俗、餐饮、旅游的旺盛需求，率先开辟出融加工、销售、餐饮、住宿于一体的新产业形态。同时招商合作开发了回民街、祠堂街、书画院等街区，创新股份合作经营模式，使村民和外来商户收益共享。村庄从民俗旅游起步，从弱到强，推动第三产业快速发展，第三产业发展又反过来促进第二产业发展，从手工作坊到加工工厂，再到连锁加工企业；而第二产业的发展，对优质农副产品原材料的需求增加，催生了种养基地和订单农业的发展，推动第一产业的发展壮大，最终形成了“三产带二产促一产”的三产融合发展格局。三产融合，改变了三个产业相互脱节，经济效益分配不均与效益偏低的状况，实现了一产为二产提供优质原料，二产为三产提供名特产品，三产为一产二产开拓广阔市场的有机联合，通过从田间到餐桌、从加工到销售的封闭式管理和全方位的食品安全监管体系，真正做到了“农民自己捍卫食品安全”。

经过 10 余年发展，Y 村这个曾经只有 62 户 286 人的小村庄，如今聚集了 1 000 余名创客，吸纳了 3 000 多人就业，带动周边数万名群众增收。2019 年，Y 村接待游客超 580 万人次，旅游总收入超 10 亿元，村民年人均纯收入超 10 万元，并先后获得“全国乡村旅游示范村”“中国最有魅力休闲乡村”“中国十大美丽乡村”“国家特色景观旅游名村”“中国十佳小康村”“全国一村一品示范村”“中国乡村旅游创客示范基地”等荣誉称号。

（三）Y 村案例的启示

Y 村在集体经济引领下的农旅融合发展模式，走出了一条具有中国特色的乡村振兴道路。Y 村的案例，为其他乡村全面推进农村集体经济改革与乡村振兴提供了几点启示：

一是农村集体产权制度改革与农村集体经济发展，既要遵循法律法规，又要大胆探索与创新。Y 村的实践证明，在保障村集体与村民利益的基础上，根据经营模式进行多元化经营股权设置，能有效推动资源要素自由流动。同时，通过多元化股权设置和各主体间的利益联结机制创新，能有效实现经营收益的全员共享，发挥出集体合力效应。

二是农旅融合模式在实践中可以不断创新。一般的农旅融合，大多是在农业（农村）基础上发展旅游业，即由第一产业向第二、三产业拓展与融合。但 Y 村的实践证明，农旅融合，可以从旅游业走向农业，即反过来通过第三产业来促进第二产业和第一产业的发展。各地推进农旅融合模式，应因地制宜，探索不同的发展模式。

三是乡村产业振兴如果要走农旅融合道路，一定要把消除消费者对食品质量安全的疑虑作为突破口。民以食为天，消费者到乡村旅游，最希望能品尝到绿色安全的新鲜农产品。但近年来我国食品安全问题频发，给乡村旅游产业带来一定的负面影响。为消除消费者对食品质量安全的疑虑，Y 村始终把“农民自己捍卫食品安全”作为“生命”，对乡村旅游特色餐饮的所有项目，全部进行封闭式管理。经营户所需食品原料全部由村民委员会统一采购，村民委员会严格把控材料、管理、监督、加工、销售“五大关口”，而经营户的食品原料加工和销售过程，则全程向游客开放；同时每家经营户均写下诚信承诺书，确保产品品质，使游客能真正放心消费。

四是重视人才，发挥村民的主体地位。Y 村重视人才，积极为各类人才创造良好的创业环境，打造创业平台，吸引了众多“新村民”带着自己的特色项目来创业，目前这些“新村民”已经成为带动 Y 村飞速发展的主要力量。Y 村始终把村民作为乡村振兴的主体，坚持“三创联动”，打造创业、创客、创新平台，开办“农民学校”和“Y 村夜校”，提供优惠政策，打造农民创业平台；设立农民创业培训班，请专家讲授经营知识，请知名企业家传授创业经验，且每年组织经营户出省、出国考察学习，开阔视野，增长见识，培育农户自主经营能力；同时，成立各类协会，对经营户进行指导、监督和管理。

二、Z村集体经济及农旅融合发展案例

（一）Z村基本情况

Z村位于四川盆地，距离成都市区60余千米。全村辖区面积2.1平方千米，平均海拔为550米左右，地势平整。耕地1 930亩，土地较为肥沃。辖9个村民小组，530户，总人口1 750人。自1965年Z村单独成立，经历了农业学大寨、包产到户、发展集体企业、集体企业改制、新集体经济改革等一系列变革。在政策指引与村党支部引领下，经过近20年的改革发展，Z村集体经济改革与产业发展取得了较大成效。村集体经济发展从早期的以二产为主，转向一二三产业融合发展。如今，企业更扎根于乡土资源，形成了集以花果蔬为依托的休闲农业、以郫县豆瓣及调味品等为主的农副产品加工业、以休闲观光考察为主的旅游业为一体的复合产业体系。到2018年年末，Z村村域经济总产值近3亿元，村集体资产达到4 300万元，集体经济收入达450万元，村民人均可支配收入达到2.61万元。Z村也因其在乡村改革与乡村发展中取得的成绩，先后荣获“全国文明村”“全国社会主义精神文明单位”“中国旅游特色村”“四川省综合百强村”“四川集体经济十强村”“省级四好村”等荣誉称号。

（二）Z村集体经济改革发展历程与农旅融合的实践

1. Z村集体经济发展的基础

Z村一直有集体经济发展的基础。1979年，Z村开办了第一家集体企业——机砖厂，接着又办起酿造厂、机面厂、树脂厂等大小15个村办企业。1994年，响应上级号召，Z村成为混合股份制改革试点村之一，对5个效益好的企业进行混合股份制改革，成为当地第一个村级集体经济改制村。1996年，Z村工农业总产值达1.078亿元，村集体收入45万元，是当地的明星村。但到2000年，企业因管理混乱与经营不善，效益都在下滑，大量集体资产流失。集体企业无法分红，村民与企业管理层的矛盾加深。2002年年末，村集体抵抗住各方压力，用约70万元回购了那5个集体企业中经营者和职工所占的20%的股份，村办企业再次成为村集体的独资企业。Z村集体收回村办企业产权后，通过清产核资，创新性地把企业的固定资产和无形资产租赁给有意向的业主（主要是本村年轻人），把原有的流动资产直接作价出售给业主。经过这一改造后，村集体收回资金420余万元，并且每年村集体的收入也比过去有所增加，达到50万元以上，为Z村村集体经济发展奠定了基础。

2. Z 村集体经济组织的发展

Z 村的集体经济改革与发展，是一个不断探索的过程。早期，村集体经济组织缺乏经营实体，村集体经济组织与村民委员会混为一体，随着村集体经济的改革与发展，村集体经营实体也不断发展完善。2006 年，Z 村战旗蔬菜专业合作社成立，采取“村—企—农”互动的村集体经济发展模式，村民在自愿有偿的原则下以土地承包经营权入股，村集体企业入资 50 万元。合作社主要对全村耕地进行经营管理。2013 年，随着全国各地前来学习观摩的考察团队剧增，JF 商务服务有限公司成立，主要经营范围为旅游管理服务、会议服务，兼营物业管理服务、园林绿化工程设计与维护。2015 年 8 月，Z 村资产管理有限公司成立，公司有股东 1 704 人，为 2011 年 4 月 20 日锁定的确权人口，以村议事会成员作为公司发起人，村两委会为公司董事会成员，村党总支书记为法人代表，村主任任总经理，村务监督委员会成员任公司监事会成员。公司主要承担非农资产的经营管理和使用。到 2018 年，Z 村集体经济组织的实际经营实体达到 7 家。Z 村村两委和集体经济组织的关系完全理顺，村集体经济组织法人治理结构基本完善，新型集体经济组织真正成为产权明晰、权责明确、管理科学的法人实体和市场主体。

3. Z 村集体经济改革与农旅融合发展

Z 村集体经济的发展，具有集体居住集中化、耕地集中化、企业集中化三个鲜明的特色。

（1）居住集中化

居住集中化，是将分散的农户集中起来居住，通过实施“拆院并院”和“村民集中建房”，推进农民向新型社区集中。村集体通过整理村民原有的宅基地、院落等，新增 440.8 亩建设用土地，其中 215 亩用于安置村民及基础设施，9 个村民小组全部参与“拆院并院”，村集体统规自建低层连体楼房 401 套，统规统建多层公寓 171 套。全村 469 户、1 561 人实现集中居住，集中居住率达到 96%（其余 4%村民居住在社区外道路两边，未纳入土地整理范围）。为使村民享受和城里人一样的生活，集中居住的社区完善了幼儿园、超市、便民服务中心、卫生站等功能设施，对全村道路、渠系和绿化等基础设施进行了整治和改造。2009 年 3 月，新型社区基本完工，村民告别了传统散居的农家院落，住进了环境优美、生活便利、配套完善的新型社区。剩下 225.8 亩建设用地，其中 202 亩利用城市建设用地增减挂钩，村集体实现增值收益 1.3 亿元，除偿还融资本息 1.15 亿元外，剩余的 1 500 万元专项用于村现代农业产业园基础设施配套建设。剩余 23.8 亩建设用地留作其他项目建设用地。

（2）耕地集中化

Z 村在农业土地集中化利用方面，一直走在全国前列。2001 年 Z 村就开始探索土地集中利用。2001 年，村里先在 2 个队集中 10 亩土地种植蔬菜，2002—2003 年持续扩大，到 2006 年农业税取消，村里土里集中面积逐渐增大。为推动村里农业产业发展，村集体投入 50 万元现金，组建了农业股份合作社（2009 年注册更名为 Z 蔬菜专业合作社），负责村农业产业发展。2009 年 9 月，Z 村集中流转土地 1 097 亩，村里统一把 700 亩承包给种植大户。余下的 397 亩土地，村民以土地承包经营权入股蔬菜专业合作社，进行设施蔬菜种植，并辐射带动周边 3 000 余亩蔬菜种植，带动了当地农户致富增收。

到 2010 年 12 月，蔬菜专业合作社共有农户 495 户，社员 1 551 人。村里集中土地 1 820 余亩，全村土地集中率达到 95%。集体的土地，1 420 亩流转给种植大户，每年土地租金收入 187 万元；合作社直接经营土地 320 亩。2010 年，合作社投入固定资产 149.8 万元，实现营业收入 147.18 万元，每亩月平均收入 4 597 元。村民把土里流转到合作社后，除了能获得稳定的保底租金，年底还能根据经营状况分到红利，加上可以自由在村上企业、合作社务工，村民收入渠道拓宽，收入水平大幅提高。

为丰富农业形态，推动一二三产业融合发展，2010 年，Z 村集体利用预留的 23.8 亩集体建设用地，以 50 万元/亩作价入股，与引进的某企业合作，规划建设“生态田园村”，建设占地 20 亩的观光农业园和 3 万多平方米的休闲会所、乡村酒店等。项目还从村里流转 600 多亩土地（租赁期 50 年，每年可为村集体年增收 30 多万元），种植薰衣草、生态蔬果等，成为第一块规模化薰衣草基地。项目区集观光农业、酒店、餐饮、会议会务服务、婚纱外景基地、婚庆整体服务、运动休闲、乡村旅游度假、当代艺术观赏为一体，在 2012 年 6 月项目开园后，受到时尚族群的青睐，很快就成为当地最火爆的乡村旅游景区之一，并被四川省婚庆协会授予婚庆文化基地。村集体意识到农旅融合发展的价值，通过“保底租金+50%二次分红”方式，把全村 1 820 余亩耕地集中起来，并将大部分土地（1 750 亩）流转给引进的公司和本村的种植大户，但村集体对全村产业发展进行科学规划，要求进村经营的企业与大户种植的品种要符合村庄规划布局。到 2017 年，全村有特色农业种植企业 10 余家，苗木种植业 7 家，种植面积 1 400 余亩，建成了绿色有机蔬菜基地、薰衣草种植基地，发展了食用菌、蓝莓、草莓、花卉、苗木等特色农业产业。

Z村以村集体为平台，对全村耕地集中化利用，一部分对外招商转租或入股，一部分则由村集体经营。依托村集体平台，外来企业减少了与村民分散谈判的交易成本，降低了遭遇个别农户违约的风险。同时，由于村集体对村庄建设与产业发展有科学明晰的规划，使整个村庄有序发展，产业体系间形成良好的循环互动。多元化的农业产业发展，为Z村乡村旅游提供了丰富的观赏与体验资源，打开了旅游市场，并促进该村大量农产品作为旅游体验产品能实现在地销售，效益更高。故此，Z村的耕地集中化利用取得成功，实现了村民、企业与村集体的“三赢”。

（3）企业集中化

企业集中化，主要是指村里不仅发展壮大本村集体企业，还引进外来企业，建设能够吸纳本地劳动力和农产品的生态产业体系，推动产业集群化发展。一方面，Z村集体整合村、企、农，组建集体企业董事会，建成“共谋发展、联股联心、利益共享、风险共担”的“共享经济体”，创办了蔬菜专业合作社、投资管理有限公司、资产管理公司、商贸服务公司等集体经济经营实体。另一方面，Z村集体经济的经营模式，不同于传统村庄集体经济直接经营村集体企业，而是通过租赁、承包经营、股份合作、独资等多种方式，盘活集体企业和资产。如把其中原调味品厂、豆瓣厂、树脂厂、纸箱厂等集体企业所占的64亩厂房，租赁给某公司使用；以20余亩集体建设用地入股“妈妈农庄”，使村民及村集体收入300余万元；率先试点农村集体经营性用地入市，2015年9月以每亩52.5万元的价格成功挂牌出让四川首宗、全国第二宗集体经营性建设用地13.447亩，建成运营“第五季香境”旅游商业街区；自主开发“乡村十八坊”农旅项目；作价入股开发Z村乡村振兴学院等。

（三）Z村案例的启示

与我国大多数空壳村不同，Z村集体经济的改革与发展，一直有良好的基础。过去以工业为主的集体经济，后来纷纷关闭，但遗留下来的厂房、建设用地等固定资产，为Z村集体经济的发展奠定了基础。Z村在集体经济改革与发展过程中，一直在不断探索与创新，其经验对其他村庄集体经济发展具有一定的参考价值：

一是集体经济组织的经营实体培育与壮大。集体经济的发展，除了构建新型集体经济组织体系外，更重要的是依托农村集体经济组织这个重要平台，发挥集体经济的经济职能，因此，必需逐渐把农村集体经济组织从村民委员会中剥离出来，并逐渐成立集体经济组织的经营实体企业，对集体经济的资产资源进行经营管理，对村庄发展进行规范布局，对产业进行经营管理等。为此，应该根据村庄资源资产与产业发展情况，逐步培育和壮大集体经济的各类经营实体，推动城乡资源融合与乡村产业兴旺发展。

二是重视村庄规划的编制。应积极推进村庄土地利用规划、乡村建设规划、产业发展与生态保护规划的“多规合一”，科学规划村庄生产、生活与生态空间布局，在维护乡村自然风貌的基础上，使村域的生活区域与公共设施建设、产业布局、生态环境保护等布局更合理有序，更适应未来发展需求。

三是开展土地整治，激活土地资源。加强村庄土地利用规划，积极推进土地综合整治与利用。在保持乡村特色风貌基础上，逐步推进村民居住相对集中化，不断优化乡村基础设施建设与公共服务配套。开展宅基地、承包地、集体建设用地等土地资源的普查清理工作，加强资源整合，创新合作机制，丰富合作模式，不断推进闲置宅基地、承包地与集体建设用地的综合开发利用。

四是创新产业新业态，推进产业融合发展。立足地方资源禀赋，因地制宜，发展“小规模、有特色、高品质”的农业产业。推进生态田园建设，推进绿色发展，捍卫食品安全，美化乡村环境。挖掘乡土传统文化，重书村史，恢复地方传统优秀民俗民风，重塑乡村文化灵魂，凝聚民心，丰富村民生活。加强一二三产业有机融合发展，充分挖掘乡村风貌、田园景观、乡村文化等价值，打造乡村的休闲旅游空间，依托特色农业产业，提升地方特色农产品的文化内涵，提高农产品的旅游产品价值。

第三节　发挥农村集体经济在乡村振兴中的重要作用及相关建议

一、发挥农村集体经济在乡村振兴中的重要作用

经历过农村家庭承包经营责任制的推行、农业税的取消，以及受到城市化发展对农村资源，特别是农村劳动力和农村存储资金的虹吸效应等的影响，农村集体组织在农村的影响力日益薄弱，大量农村集体经济发展停滞不前，不少村庄成为名副其实的“空壳村”。乡村振兴，必须破解乡村自治组织过于行政化、乡村自治能力不足、村集体“缺钱缺人”、乡村空心化加剧、乡村产业不兴、人气不旺等问题。实践证明，为提高农民组织化程度的农民合作社，为促

进农村产业发展而进入乡村的农业企业，都不具备解决这些问题的能力，只有集体经济组织，最适合承担“领头羊”的重担。2016年底，中共中央、国务院出台《关于稳步推进农村集体产权制度改革的意见》，明确界定了集体经济的概念，也明确了集体产权制度改革的目标方向、推进原则和重点任务。2017年10月实施的《民法总则》，赋予集体经济组织“特别法人”的身份，为集体经济承担乡村振兴“领头羊”职责，带领村民发展农村集体经济奠定了良好基础。

随着乡村振兴的深度推进，国家与地方政府对乡村投入逐渐加大，但这些资源不能直接下沉至农民，既需要经由乡镇等基层政府根据各村的发展需求及发展特点进行分配，又需要由农村基层自治组织充分考虑农民需求的多样性及动态性，并给予落实，还需要集体经济组织代表村民去承接这些资源，并带领村民把这些资源项目落地。同时，集体经济发展，还需要外来资本的支持，这样集体经济组织才能在工商资本与农民之间建立沟通的桥梁。集体经济组织一方面可以发挥产权主体作用，破解农村公共资源配置困境，如对农村公共品进行管护，为资本下乡提供必要的基础设施条件，并采取有偿使用、界定产权等制度安排，赋予工商资本使用公共品的合理性；另一方面，村集体经济组织能充分利用掌握的信息与资源，把农民的分散地权整合起来，在“三权分置”产权结构中，既可以有效保护农民的土地权益，又可以使农民的土地权益保护与特定地块脱钩，避免个别农民因为占有特定位置的地块，而反对公共决策和集体行动，从而为资本下乡提供集中连片的土地，降低企业进入成本与风险。同时，村里的集体经济组织还能与工商企业进行公平谈判，通过入股、合作等方式，参与村庄建设与产业发展，既能维护村庄整体利益，又能获得村民可以参与分享的集体经济收益。

推动集体产权制度改革，推进农村集体经济发展，是实施乡村振兴战略的必然要求。乡村振兴，应该发挥集体经济在乡村振兴中的重要作用，依托集体经济平台，整合乡村土地资源、生态资源和文化资源，通过多种途径，激活农村资源的价值化开发利用，进而推动乡村产业振兴、人才振兴、文化振兴、生态振兴与组织振兴，使萧条的乡村重新焕发生机。

二、推进农村集体产权制度改革的几点建议

（一）制定规章制度，树立村民规则意识

推进农村产权制度改革，事关每个村民，集体经济组织应认真学习贯彻相

关政策文件与法律法规，加强宣传，使村民理解并积极参与农村集体产权制度改革。同时，推进农村集体产权制度改革，应在遵守法律法规的基础上，充分尊重村民意见，制定集体产权制度改革的实施方案、集体经济组织的规章制度、财务制度以及分配制度等。集体经济发展与村民利益切身相关，从村集体成员身份的确认、集体资产的评估与量化折股、村集体经济股份合作社的股权配置、村集体经济组织的资产管理、村集体的资源资产在不同合作模式下的分配方式，到村集体经济组织内部分配制度等规章制度，都应经过村民代表大会的反复磋商与表决，并以规章制度的形式制定出来。调研发现，当前一些村庄推进集体产权制度改革，政策宣传不足，不重视村民意见，改革形式大于内容，规章制度制定随意性强，这必然为将来集体经济的发展壮大埋下隐患，当集体经济开始有收益并能分配时，当初村民漠不关心的规章制度必然会引发新的矛盾。因此，农村集体产权制度改革，既应高度尊重村民的意见，又应培养与提高村民的规则意识。

（二）提高经营管理能力，创新经营模式

农村集体产权制度改革，最重要的是盘活农村资源，促使农村资源价值化开发，并推动乡村产业发展，为农村集体组织与村民“谋利”。故此，农村集体产权制度改革真正获得成功的关键是村庄产业兴旺发展，村集体经济组织与村民共享乡村经济社会发展“红利”。村集体经济股份合作社的“分红”成为农民重要的收入来源，村民收入渠道增加，收入水平大幅提升，集体经济不断发展壮大。为此，必须发挥集体经济组织的经济职能，提高集体经济组织的经营能力，创新经营模式。集体经济组织应立足资源禀赋，拓展思维，通过引入工商资本、培育村庄能人、组建集体经济经营实体等方式，探索租赁、入股、合作开发、独立经营等资源开发利用模式，不断丰富乡村产业经营主体，创新产业业态与经营模式，壮大集体经济经营实体的经济实力，推动乡村产业兴旺发展与集体经济发展壮大。

（三）重视人才，充分灵活利用各类人才资源

推进农村集体产权制度改革，要把农村集体经济组织从村民委员会中剥离，使其承担起集体经济组织的经济职能，提升集体经济组织的经营管理能力要求。传统的乡村干部，普遍存在经营管理水平偏低、战略思维不足等局限，难以独立承担起农村集体经济组织的实体经济的经营管理职能，而以当前集体经济的实力、农村的生活条件与工资水平，也很难聘请到专业化的农业职业经理人。基于此，农村集体经济发展，应充分利用各类人才资源，可通过与高

校、科研机构、公益机构，以及财税机构、律师事务所、评估机构等专业机构开展合作，借助外部人才的力量，为村集体提供专业化服务；充分挖掘利用乡贤资源，对原籍为本土的、在外经商与工作的有识有才之士进行分类整理，利用节庆假期乡贤们回乡的机会与信息网络平台，开展各种形式的交流与合作，发挥乡贤资源的智力资源与人脉资源的作用，为集体经济发展服务，为乡村振兴出力；高度重视培养本土人才，特别是返乡创业的年轻人，引导其参与农村集体经济的改革与经营，并逐渐形成农村集体经济经营的核心人才队伍。

参考文献

H·孟德拉斯，1991. 农民的终结［M］. 李培林，译. 北京：社会科学文献出版社.

阿·德芒戎，1993. 乡村聚落的类型［M］//人文地理学问题. 葛以德，译. 北京：商务印书馆.

陈伯君，邓立新，余梦秋，等，2009. 成都农村土地产权制度改革与农民增收关系的实证分析［J］. 探索（3）：93-98.

陈翠萍，周春波，2019. 乡村振兴视域下农业与旅游业的融合路径与模式研究［J］. 现代化农业（11）：55-57.

陈东湘，2009. 国外及我国台湾地区的乡村建设评述［J］. 科技经济市场（11）：85-86.

陈贵，2019. 振兴乡村急需人才 建议探索“积分落户农村”新模式［EB/OL］.（2019-03-18）［2020-03-10］. http://news.cctv.com/2019/03/18/ARTIw4AOCKTPSqiiM2TDR72J190318.shtml? spm=C73544894212.POSyyz6hiw2K.0.0.

陈洁，2014. 益阳市旅游业与农业融合度评价研究［D］. 湘潭：湘潭大学.

陈琳，2018. 移民的文化属性与经济的稳步发展：云南大理银桥镇个案探究［J］. 现代营销（经营版）（11）：80-81.

陈桥驿，1980. 历史时期绍兴地区聚落的形成与发展［J］. 地理学报（1）：14-23.

陈文胜，2018. 农民在乡村振兴中的主体地位何以实现［J］. 中国乡村发现（5）：48-51.

陈锡文，赵阳，陈剑波，等，2009. 中国农村制度变迁60年［M］. 北京：人民出版社.

陈义媛，2019. 资本下乡的社会困境与化解策略：资本对村庄社会资源的动员

[J]. 中国农村经济（8）：128-144.
程蓉，2018. 乡村振兴战略实施的核心问题：人才回归人气聚集［J］. 农家参谋（3）：3-4.
重庆市统计局，国家统计局重庆调查总队，2020. 重庆统计年鉴2020［M］. 北京：中国统计出版.
崔凤军，池静，2019. 长三角一体化背景下莫干山高端民宿业向何处去（上）［J］，浙江经济（16）：32-34.
崔凤军，池静，2019. 长三角一体化背景下莫干山高端民宿业向何处去（下）［J］，浙江经济（17）：34-36.
丁雨莲，马大全，2012. 旅游业与现代农业融合路径实证研究：以芜湖大浦乡村世界为例［J］. 中国农学通报，28（14）：157-163.
杜俞瑾，2018. 论村民心理重构与乡村振兴战略的实施［J］. 社科纵横，33（12）：28-32.
杜赞奇，2003. 文化、权力与国家：1900—1942年的华北农村［M］. 王福明，译. 南京：江苏人民出版社.
段冯夷，杨定海，王鑫，2019. 中国台湾地区乡村活化历程与体系探析［J］. 华中建筑，37（5）：128-133.
房艳刚，刘继生，2015. 基于多功能理论的中国乡村发展多元化探讨：超越"现代化"发展范式地［J］. 地理学报，70（2）：257-270.
费孝通，2001. 江村经济［M］. 上海：上海世纪出版集团.
冯骥才. 传统村落是中华民族失不再来的"根性遗产"［N］. 新民晚报，2014-03-08.
冯蕾，2014. 中国农村集体经济实现形式研究［D］. 长春：吉林大学.
冯文珍，2020. 马克思的乡村城市化思想及理论价值［J］. 法制博览（1）：253-254.
高鸣，芦千文，2019. 中国农村集体经济：70年发展历程与启示［J］. 中国农村经济（10）：19-39.
顾结龙，2019. 浅析"城归族"对新农村文化产业建设的影响［J］. 边疆经济与文化（1）：76-77.
郭海霞，王景新，2014. 中国乡村建设的百年历程及其历史逻辑：基于国家和社会的关系视角［J］. 湖南农业大学学报（社会科学版）（4）：74-80.
郭焕成，韩非，2010. 中国乡村旅游发展综述［J］. 地理科学进展，29（12）：

1597-1605.
郭晓冬，2007. 黄土丘陵区乡村聚落发展及其空间结构研究［D］. 兰州：兰州大学.
郭晓鸣，张克俊，虞洪，等，2018. 实施乡村振兴战略的系统认识与道路选择［J］. 农村经济（1）：11-20.
国际统计局农村社会经济调查司，2019. 中国农村统计年鉴 2019［M］. 北京：中国统计出版社.
何洪华，2016. 渝西现代农业与旅游业融合发展研究［J］. 现代农业科技（6）：310-313.
何慧丽，2012. 当代中国乡村复兴之路［J］. 人民论坛（31）：52-53.
何允辉. 何斯路村模式 全国七千村复制［EB/OL］.（2017-07-04）［2020-03-10］. http://www.cbbr.com.cn/article/112743.html.
侯仁之，1979. 历史地理学的理论与实践［M］. 上海：上海人民出版社.
胡汉辉，邢华，2003. 产业融合理论以及我国发展信息产业的启示［J］. 中国工业经济（2）：16-21.
胡庆康，杜莉，1997. 现代公共财政学［M］. 上海：复旦大学出版社.
胡永佳，2007. 产业融合的经济学分析［M］. 北京：中国经济出版社.
华高莱斯. 台湾乡村活化模式研究［EB/OL］.（2015-02-06）［2020-3-15］. https://www.zgxcfx.com/Article/81847.html.
黄敦平. 鼓励“城归”返乡创业的对策［EB/OL］.（2019-04-23）［2020-03-15］. http://ah.anhuinews.com/system/2019/04/23/008125880.shtml.
黄莉苹，2004. 我国欠发达地区人才回归的策略研究［D］. 长沙：中南林业科技大学.
黄震方，陆林，苏勤，等，2015. 新型城镇化背景下的乡村旅游发展：理论反思与困境突破［J］. 地理研究，34（8）：1409-1421.
黄宗智，2000. 华北的小农经济与社会变迁［M］. 北京：中华书局.
黄祖辉，2018. 准确把握中国乡村振兴战略［J］. 中国农村经济（4）：2-12.
贾晋，李雪峰，申云，2018. 乡村振兴战略的指标体系构建与实证分析［J］. 财经科学（11）：70-82.
江涛，2007. 乡村共同体的衰落：从赣南山区自然村庄的消亡看农村社区的变迁［J］. 广西民族大学学报（哲学社会科学版）（S1）：23-27.
姜长云，2017. 科学理解农业供给侧结构性改革的深刻内涵［J］. 经济纵横

（9）：24-29.
蒋颖，聂华，2014. 休闲农业市场客源行为分析研究：以北京市门头沟区为例［J］. 江苏农业科学，42（1）：405-411.
金林泉，周金绍，2014. 飞来的“候鸟”也幸福：嘉定区太平村管理服务“新村民”传佳话［J］. 上海农村经济（5）：14-15.
金其铭，1988. 农村聚落地理［M］. 北京：科学出版社.
雷洪，赵晓歌，2017. “城归”现象：主体特征、形成机理与生成逻辑［J］. 河南师范大学学报（哲学社会科学版），44（4）：58-62.
雷晓宁，2003. “农民进城”还是“资金下乡”：谈城乡鸿沟及其政策取向［J］. 改革，2：27-32.
李大胜，牛宝俊，2000. 投资经济学［M］. 太原：山西经济出版社.
李德明，程久苗，2005. 乡村旅游与农村经济互动持续发展模式与对策探析［J］. 人文地理（3）：84-87.
李国珍，张应良，2013. 村庄衰落的多维表现及有效治理：258个样本［J］. 改革（5）：88-96.
李家祥，2016. 工商资本下乡经营农业：机遇与挑战［J］. 求是（7）：89-96.
李美云，2005. 国外产业融合研究新进展［J］. 外国经济与管理，27（12）：12-20，27.
李琼，贺源，2019. 中原农耕文化“活化”与新型旅游项目开发建设研究［J］. 漯河职业技术学院学报，18（6）：14-17.
李伟红，鲁可荣，2019. 传统村落价值活态传承与乡村振兴的共融共享共建机制研究［J］. 福建论坛（人文社会科学版）（8）：187-195.
李秀美，2012. 基于产业化发展的农业人才“回流”问题研究［J］. 中国人口资源与环境，22（6），89-95.
李云新，王晓璇，2015. 资本下乡中利益冲突的类型及发生机理研究［J］. 中州学刊（10）：43-48.
李智，2017. 基于城乡相互作用的中国乡村复兴研究［J］. 经济地理（6）：144-150.
李中，2013. 工商资本进入现代农业应注意的几个问题［J］. 农业展望. 2013，9（11）：35-37.
李周，2018. 乡村振兴战略的主要含义、实施策略和预期变化［J］. 理论参考（4）：51-54.

厉无畏，王慧敏，2002. 产业发展的趋势研判与理性思考［J］. 中国工业经济（4）：5-11.
厉以宁，2016. 中国正在悄悄地进行一场人力资本革命［J］. 中国经济周刊（48）：37-41，36.
廖树宏，2008. 新农村新休闲［M］. 台北：商讯文化事业股份有限公司.
林莉，2019. 乡村价值演化与振兴：农村社区协同治理发展的内在伦理［J］. 新视野（2）：102-108.
林茜，2015. 产业融合背景下农业旅游发展新模式［J］. 农业经济（9）：61-62.
林修果，谢秋运，2004. “城归”精英与村庄政治［J］. 福建师范大学学报（哲学社会科学版）（3）：23-28，58.
林亦平，魏艾，2018. “城归”人口在乡村振兴战略中的“补位”探究［J］. 农业经济问题（8）：91-97.
刘成玉，熊红军，2015. 我国工商资本下乡研究：文献梳理与问题讨论［J］. 西部论坛，25（6）：1-9.
刘刚，2019. 新中国 70 年的农地制度变迁与农民主体地位［J］. 西部论坛，29（5）：14-21.
刘吉婷，2018. 社区营造视角下乡村旅游社区外来经营者地方依恋研究：以成都市蒲江县明月村为例［D］. 成都：四川师范大学.
刘平青，2004. 对民间资本投资农业的评析与思考［J］. 中国农村经济，10：46-55.
刘奇，2012. 城市化背景下的乡村价值该如何定位［J］. 中国发展观察（9）：37-41.
刘圣欢，杨砚池，2015. 现代农业与旅游业协同发展机制研究：以大理市银桥镇为例［J］. 华中师范大学学报（人文社会科学版），54（3）：44-52.
刘彦随，刘玉，翟荣新，2009. 中国农村空心化的地理学研究与整治实践［J］. 地理学报，64（10）：1193-1202.
刘芝凤，2014. 中国稻作文化概论［M］. 北京：人民出版社.
刘志红，2006. 我国中西部地区人才回流的可行性及对策研究［D］. 太原：山西财经大学.
刘祖云，姜姝，2019. “城归”：乡村振兴中“人的回归”［J］. 农业经济问题（2）：43-52.

鲁可荣，胡凤娇，2016. 传统村落的综合多元性价值解析及其活态传承［J］. 福建论坛（人文社会科学版）(12)：115-122.
鲁西奇，2013. 散村与集村：传统中国的乡村聚落形态及其演变［J］. 华中师范大学学报（人文社会科学版），52 (4)：113-130.
陆林，任以胜，朱道才，等，2019. 乡村旅游引导乡村振兴的研究框架与展望［J］. 地理研究，38 (1)：102-118.
陆学艺，1992. 改革中的农村与农民：对大寨、刘庄、华西等 13 个村庄的实证研究［M］. 北京：中共中央党校出版社.
罗剑朝，1994. 中国农业投资与农业发展［M］. 西安：陕西人民出版社.
罗其友，伦闰琪，杨亚东，等，2019. 我国乡村振兴若干问题思考［J］. 中国农业资源与区划 (2)：1-7.
吕军书，张鹏，2014. 关于工商企业进入农业领域需要探求的几个问题［J］. 农业经济，3：65-67.
吕亚荣，王春超，2012. 工商业资本进入农业与农村的土地流转问题研究［J］. 华中师范大学学报（人文社会科学版），51 (4)：62-68.
马荟，庞欣，奚云霄，等，2020. 熟人社会、村庄动员与内源式发展：以陕西省袁家村为例［J］. 中国农村观察 (3)：28-41.
马健，2002. 产业融合理论研究评述［J］. 经济学动态 (5)：78-81.
马健，2006. 产业融合论［M］. 南京：南京大学出版社.
马健，2006. 产业融合识别的理论探讨［J］. 社会科学辑刊 (3)：86-89.
马九杰，2013. 资本下乡需要政策引导与准入监管［J］. 中国党政干部论坛，6：31.
毛安然，2019. 赋权与认同：乡村振兴背景下乡村价值激活农民主体性的路径［J］. 华东理工大学学报（社会科学版），34 (2)：60-69.
莫里斯·弗里德曼，2000. 中国东南的宗族组织［M］. 刘晓春，译. 上海：上海人民出版社.
梅方权，吴宪章，姚长溪，等，1998. 中国水稻种植区划［J］. 中国水稻科学，2 (3)：97-110.
牛若铃，2014. 创意农业与旅游产业融合发展研究［D］. 金华：浙江师范大学.
牛山敬二，2012. 日本农业与农村的现状及危机［J］. 中国农史 (1)：73-87.
潘家恩，温铁军，2016. 三个“百年”：中国乡村建设的脉络与展开［J］. 开放时代（4）：125-145.

潘逸阳，2002. 农民主体论［M］. 北京：人民出版社.

乔金亮，2015. 遏止工商资本下乡“圈地”［N］. 经济日报，2015-04-28（9）.

冉彬彬，2008. 统筹城乡发展中的农业与旅游业融合研究［D］. 成都：西南交通大学.

任开荣，董继刚，2016. 休闲农业研究述评［J］. 中国农业资源与区划（3）：195-230.

申明锐，2011. 城乡二元住房制度：透视中国城镇化健康发展的困局［J］. 城市规划，35（11）：81-87.

申明锐，沈建法，张京祥，等，2015. 比较视野下中国乡村认知的再辨析：当代价值与乡村复兴［J］. 人文地理，30（6）：53-59.

沈费伟，刘祖云，2017. 精英培育、秩序重构与乡村复兴［J］. 人文杂志（3）：120-128.

施坚雅，1998. 中国农村的市场和社会结构［M］. 史建云，徐秀丽，译. 北京：中国社会科学出版社.

石田宽，1898. 日本的乡村聚落［J］. 人文地理，4（3）：53-59.

石霞，芦千文，2013. 工商资本下乡要扬长避短［EB/OL］.（2013-07-15）［2020-3-15］. http://www.agri.cn/V20/SC/jjps/201307/t20130715_3526301.htm.

舒尔茨，2007. 改造传统农业［M］. 北京：商务印书馆.

隋筱童，2019. 乡村振兴战略下“农民主体”内涵重构［J］. 山东社会科学（8）：97-102.

孙敏，2018. 三个走向：农村集体经济组织的嬗变与分化——以深圳、苏州、宁海为样本的类型分析［J］. 农业经济问题（2）：21-30.

市委宣传部学习考察组. 关于赴浙江义乌何斯路村考察情况的报告［EB/OL］.（2019-01-29）［2020-3-15］. http://www.zjknews.com/news/shizheng/201901/29/233049.html.

孙永龙，2010. 山东“资本下乡”激活“三农”［J］. 西部大开发，9：96.

汤迪莎，魏春雨，周亮，2014. 基于乡村复兴视角的城郊新农村建设研究：以湖南省益阳市为例［J］. 湖南城市学院学报（自然科学版），23（4）：27-31.

唐丽桂，2020．“城归”、“新村民”与乡村人才回流机制构建［J］．现代经济探讨（3）：117-122．

涂圣伟，2014．工商资本下乡的适宜领域及其困境摆脱［J］．改革（9）：73-82．

万宝瑞，2007．把发展现代农业贯穿新农村建设始终［J］．农业经济问题（1）：4-7．

王国恩，杨康，毛志强，2016．展现乡村价值的社区营造：日本魅力乡村建设的经验［J］．城市发展研究，23（1）：13-18．

王国敏，马慧吉，2004．农业投资主体结构的嬗变与思考［J］．天府新论（6）：53-56．

王会，陈建成，江磊，等，2018．“绿水青山就是金山银山”的经济含义与实践模式探析［J］．林业经济（1）：3-8，43．

王露璐，2008．乡土伦理［M］．北京：人民出版社．

王琪延，张家乐，2013．国内外旅游业和农业融合发展研究［J］．调研世界（3）：61-65．

王晓露，2019．工商资本下乡的动因、问题及应对［J］．农业经济（12）：85-86．

王永平，周丕东，2018．农村产权制度改革的创新探索：基于六盘水市农村三变改革实践的调研［J］．农业经济问题（1）：27-35．

王勇，2019．“两山”理论内涵的经济学思考［J］．环境与可持续发展，44（6）：55-58．

王昀，1998．农民是农业产业化经营的主体［J］．江南论坛（3）：31．

魏薇，王金叶，2009．乡村旅游发展模式与运行机制研究：以成都五朵金花为例［J］．乡镇经济，25（7）：80-83．

温铁军，2009．“三农”问题与制度变迁［M］．北京：中国经济出版社．

温铁军，2013．八次危机［M］．北京：东方出版社．

温铁军，董筱丹，2010．村社理性：破解“三农”与“三治”困境的一个新视角［J］．中共中央党校学报，14（4）：20-23．

温铁军，杨帅，2016．“三农”与“三治”［M］．北京：中国人民大学出版社．

夏英，钟桂荔，曲颂，等，2018．我国农村集体产权制度改革试点：做法、成效及推进对策［J］．农业经济问题（4）：36-42．

谢婷轶，2015．广州都市农业与旅游业的融合研究［J］．石家庄铁道大学学报

（社会科学版）（3）：14-19.
徐洁，华钢，胡平，2010. 城市化水平与旅游发展之关系初探：基于我国改革开放三十年的时间序列动态计量分析［J］. 人文地理，25（2）：85-90.
徐亦镇，2020. 乡村振兴战略下天台山与莫干山民宿村发展比较研究［J］. 创新创业理论研究与实践，3（9）：117-119.
徐勇，沈乾飞，2015. 市场相接：集体经济有效实现形式的生发机制［J］. 东岳论丛，36（3）：30-36.
许士兵，2013. 建湖县农业和旅游业融合发展研究［D］. 南京：南京农业大学.
闫坤，张海鹏. 决胜建成小康社会的农业发展蓝图［EB/OL］.（2017-11-07）［2020-3-11］. http://soci.cssn.cn/jjx/xk/jjx_yyjjx/201711/t20171107_3721694.shtm.
杨阿莉，2011. 从产业融合视角认识乡村旅游的优化升级［J］. 旅游学刊，26（4）：9-11.
杨磊，徐双敏，2018. 中坚农民支撑的乡村振兴：缘起、功能与路径选择［J］. 改革（10）：60-70.
杨帅，唐溧，陈春文，2020. 内生性视角下的“农民变股东”：以陕西省袁家村为例看农村股权制度演变逻辑［J］. 学术研究，11：82-88.
杨万江，2019. 水稻发展对粮食安全贡献的经济学分析［J］. 中国稻米（3）：1-4.
杨振之，2011. 城乡统筹下农业产业与乡村旅游的融合发展［J］. 旅游学刊，10（26）：10-11.
叶翔凤，2020. 基于农村集体产权制度改革视角的发展农村集体经济的思考［J］. 湖北社会科学（9）：55-60.
叶兴庆，2016. 农业供给侧改革呼唤更多“城归”［EB/OL］.（2016-12-09）［2020-3-11］. http://www.gov.cn/xinwen/2016-12/19/content_5149730.htm.
叶兴庆，2018. 新时代中国乡村振兴战略论纲［J］. 改革（1）：65-73.
易慧玲，李志刚，2019. 产业融合视角下康养旅游发展模式及路径探析［J］. 南宁师范大学学报（哲学社会科学版）（9）：126-131.
尹均科，1993. 北京郊区村落的分布特点及其成因的初步研究［J］. 历史地理研究，11：233-245.
游修龄，1998. 稻文化的历史发展和瞻望［J］. 农业考古（1）：406-408.

于雅璁，2020.“特别法人”架构下我国农村集体经济组织改革发展路径研析［J］. 海南大学学报（人文社会科学版），38（6）：69-77.

虞国平，2009. 我国稻谷供需的中长期预测［J］. 现代农业科技（23）：17-20.

张白平，彭瑛，2013. 自然旅游区农业与旅游产业融合发展思路：以贵州黄果树景区为例［J］. 贵州农业科学（7）：203-205，211.

张桂华，2011. 湖南休闲农业市场消费者特征的调查分析［J］. 南华大学学报（社会科学版），12（2）：40-43.

张海鹏，郜亮亮，闫坤，2018. 乡村振兴战略思想的理论渊源、主要创新和实现路径［J］. 中国农村经济，11：2-16.

张海洲，2019. 从空间集聚到产业集群：莫干山民宿旅游的演化与发展［D］. 芜湖：安徽师范大学.

张海洲，陆林，张大鹏，等，2019. 环莫干山民宿的时空分布特征与成因［J］. 地理研究，38（11）：2695-2715.

张红宇，2015. 金融支持农村一二三产业融合发展问题研究［J］. 新金融评论，6：148-160.

张京祥，申明锐，2014. 乡村复兴：生产主义和后生产主义下的中国乡村转型［J］. 国际城市规划（5）：1-7.

张军，李勤，2010. 工业化城市化双加速阶段的城乡统筹发展：成因、表现及政策建议［J］. 中国发展（5）：62-71.

张天柱，2008. 现代农业园区规划与案例分析［M］. 北京：中国轻工业出版社.

张文广，2014. 给“资本下乡”戴上法律笼头［EB/OL］.（2014-01-22）［2020-3-15］. http://jjckb.xinhuanet.com/2014-01/22/content_488417.htm.

张文建，2011. 农业旅游：产业融合与城乡互动［J］. 旅游学刊，26（10）：11-12.

张文建，陈琳，2009. 产业融合框架下的农业旅游新内涵与新形态［J］. 旅游论坛，2（5）：704-708，716.

张雯，2015. 资本下乡要做产业而别图一亩三分地［EB/OL］.（2015-07-01）［2020-3-11］. http://www.farmer.com.cn/ywzt/gszb/gz/201507/t20150701_1124249.html.

张孝德，2015. 新文明观：乡村，城市平等观——乡村文明复兴引领生态文明新时代［J］. 中国农业大学学报（社会科学版），32（5）：18-30.
张旭，1996. 中国农业发展：农民主体论［J］. 山东经济战略研究（2）：32-34.
张莹，2006. 农业与旅游业互动发展研究［D］. 济南：山东师范大学.
张应良，杨芳，2017. 农村集体产权制度改革的实践例证与理论逻辑［J］. 改革（3）：119-129.
张蕴萍，2016. 供给侧改革：中国垄断行业政府规制体制改革的新动力［J］. 理论学刊（5）：61-66.
章爱先，朱启臻，2019. 基于乡村价值的乡村振兴思考［J］. 行政管理改革（12）：52-59.
赵放，刘雨佳，2018. 农村三产融合发展的国际借鉴及对策［J］. 经济纵横（9）：122-128.
郑健雄，郭焕成，2004. 海峡两岸观光休闲农业与乡村旅游发展［C］. 徐州：中国矿业大学出版社.
郑秋临，2012. 略论新村民文化的建设与发展［J］. 群文天地（9）：128-129.
郑涛，2014. 我国乡村价值演变及其特征探讨［C］//中国城市规划学会. 城乡治理与规划改革：2014 中国城市规划年会. 北京：中国建筑工业出版社.
郑晓婷，2016. 晋江市现代农业与旅游业融合研究［D］. 福州：福建农林大学.
植草益，2001. 信息通讯业的产业融合［J］. 中国工业经济（2）：24-27.
中共成都市委政策研究室，2006. 城乡一体化："五朵金花"的启示——成都市锦江区统筹城乡发展的生动实践［J］. 理论视野（2）：11-12.
曾博，2018. 乡村振兴视域下工商资本投资农业合作机制研究［J］. 东岳论丛，39（6）：149-156.
曾国安，胡晶晶，2008. 城乡居民收入差距的国际比较［J］. 山东社会科学（10）：47-53.
曾磊，刑慧斌，2011. 产业融合视角下的现代农业示范区规划：兼论其旅游功能的拓展［J］. 安徽农业科学，39（33）：20617-20619.
周昌芹，2012. 产业融合背景下农业旅游的开发模式研究：以浙江省为例［D］. 重庆：重庆师范大学.
周家俊，杨军，黄莹，2015. 农旅产业深度融合战略路径研究［J］. 当代旅游（8）：35-37.

周宁，李伟，周绍东，2015. 合作博弈视角的农村基础设施最优投资结构研究［J］. 财政研究（7）：50-55.

周其仁，2009. 还权赋能：成都土地制度改革的启示［N］. 经济观察报，2009-06-29（41）.

周向阳，赵一夫，2020. 农村集体产权制度改革进程中的治理矛盾及化解策略［J］. 农村经济（8）：12-18.

周晓光，2019. 实施乡村振兴战略的人才瓶颈及对策建议［J］. 世界农业（4）：32-37.

周英晚，2017. PPP 模式下农业基础设施投资主体行为研究［D］. 长沙：湖南农业大学.

周振，2002. 工商资本参与乡村振兴“跑路烂尾”之谜：基于要素配置的研究视角［J］. 中国农村观察（2）：34-36.

朱海艳，2014. 旅游产业融合模式研究［M］. 北京：中国发展出版社.

朱力，张嘉欣，2019. 价值的回归：乡村营造的伦理思考［J］. 湘潭大学学报（哲学社会科学版），43（6）：99-103，109.

朱彭忠，曹少奎，2012. 构建开放、包容、民主的“新太平”：太平村新村民管理的探索与实践［J］. 上海农村经济，2012（2）：38-41.

朱启臻，2013. 生存的基础：农业的社会学特性与政府责任［M］. 北京：社会科学文献出版.

朱启臻，2019. 把根留住：基于乡村价值的乡村振兴［M］. 北京：中国农业大学出版社.

朱霞，周阳月，单卓然，2015. 我国乡村价值嬗变及新常态下价值提升的规划应对［C］//中国城市规划学会. 新常态：传承与变革（2015 中国城市规划年会论文集）. 北京：中国建筑工业出版社.

宗锦耀，2017. 农村一二三产业融合发展理论与实践［M］. 北京：中国农业出版社.

AKPINAR N, TALAY I, CEYLAN C, et al., 2004. Rural women and agritourism in the context of sustainable rural development: A case study from Turkey [J]. Environment and Sustainability, 6 (4): 473-486.

ALESINA A, FERRARA F, 2000. Participation in heterogenous communities [J]. Quaeterly Jouenal of Economics, 115 (3): 847-904.

BERNARD L, 2009. What is rural tourism? [J]. Journal of Sustainable Tourism,

2 (1): 7-21.

BUSBY G, RENDLE S, 2000. The transition from tourism on farms to farm tourism [J]. Tourism Management, 6: 635-642.

CHRISTALLER W, 1966. Central places in Southern Germany [M]. Upper Saddle River: Prentice Hall.

CLOKE P, GOODWIN M, MILBOURNE P, 1997. Rural Wales: Community and marginalization [M]. Cardiff: University of Wales Press, 1997.

EMBACHER H, 1994. Marketing for agri-tourism in Austria: Strategy and realisation in a highly development tourism destination [J]. Journal of Sustainable Tourism, 2 (12): 37-41.

EUROPEAN COMMISSION, 1997. Green paper on the convergence of the telecommunications, media and information technology sectors, and the implications for regulation [R]. Brussels: EC.

FLEISCHER A, TCHETCHIK A, 2003. Does rural tourism benefit from agriculture? [J]. Tourism Management, 26 (4): 493-501.

FRECHTLING A, TCHETCHIK A, 2005. Does rural tourism benefit from agriculture [J]. Tourism Management, 26 (4): 493-501.

FREEMAN C, SOETE L, 1997. The economics of industrial innovation [M]. London: Psychology Press.

GREENSTEIN S, KHANNA T, 1997. What does industry mean? [M] //Competing in the age of digital convergence. Boston: Harvard Press.

HACKLIN F, RAURICH V, MARXT C, 2005. Implications of technological convergence on innovation trajectories: The case of ICT Industry [J]. International Journal of Innovation and Technology Management, 3: 313.

HALFACREE K H, BOYLE P, 1998. Migration, rurality and the post-productivist countryside [M] //Migration into rural areas: Theories and issues. Chichester: Wiley.

HOLMES J, 2006. Impulses towards a multifunctional transition in rural Australia: Gaps in the research agenda [J]. Journal of Rural Studies, 22 (2): 142-160.

KUZNETS S, 1955. Economic growth and income inequality [J]. The American Economic Review, 45 (1): 1-28.

LEI D T, 2000. Industry evolution and competence development: The imperatives of technological convergence [J]. International Journal of Technology Management, 19 (7-8): 699-738.

LIND J, 2005. Ubiquitous convergence: Market redefinitions generated by technological change and the industry life cycle [R]. New York: Druid Academy Winter Conference.

LIU Y S, LI Y H, 2017. Revitalize the world' s countryside [J]. Nature, 548 (7667): 275-277.

LOBO R E, GOLDMAN G E, JOLLY D A, et al., 1999. Agritourism benefits agriculture in San Diego country [J]. California-Agriculture, 53 (6): 20-24.

LOWE P, MURDOCH J, MARSDEN T, et al., 1993. Regulating the new rural spaces: The uneven development of land [J]. Journal of Rural Studies, 9 (3): 205-222.

MALHOTRA A, 2001. Firm strategy in converging industries: An investigation of US commercial bank responses to US commercial - investment banking convergence [D]. Baltimore: The University of Maryland.

MARSDEN T, MURDOCH J, LOWE P, et al., 1993. Constructing the countryside [M]. London: UCL Press.

MASLOW A, 2013. A Theory of Human Motivation [M]. Eastford: Martino Fine Books.

MCGEHEE N G, 2007. An agritourism systems model: A weberian perspective [J]. Journal of Sustainable tourism, 15 (2): 111-124.

NILSSON P A, 2002. Staying on farms an ideological background [J]. Annals of Tourism Research, 1: 7-24.

OHE Y, 2010. Research note: Evaluating integrated on-farm tourism activity after rural road inauguration - the case of pick-your-own fruit farming in Gunma, Japan [J]. Tourism Economic, 18 (3): 731-735.

PANYIK E, COSTE C, 2011. Implementing integrated rural tourism: An event-based approach [J]. Tourism Management, 32: 1352-1363.

PENNINGS J M, PURANAM P, 2001. Market convergence & firm strategies: Towards a systematic analysis. Proceedings ECIS Conference, The Future of Innovation Studies, September 20 - 23 [C]. Netherlands: Eindhoven.

PETROU A, PANTZIOU E F, DIMARA E, 2007. Resources and activities complementarities: The role of business networks in the provision of integrated rural tourism [J]. Tourism Geographies, 9 (4): 421-440.

PHILIP S, HUNTER C, KIRSTY BLACKSTOCK K, 2010. A typology for defining agritourism [J]. Tourism Management, 31: 754-758.

RAINY D V, DJUNAIDI H, MCCULLOIGH S W, et al., 2010. Factor that affcet arkansas farm operators' and landowners' decision to participate in agritourism [R]. Selected Paper Preared for Presestation at the Southern Agricultural Economics Associstion Annual Meetings. Florida: Orlando.

RANIS G, FEI C H, 1961. A theory of economic of development [J]. The American Economic Review, 51 (4): 533-565.

ROSENBERG N, 1963. Technological change in the machine tool industry, 1840-1910 [J]. The Journal of Economic History, 23 (4): 414-443.

SONNINO R, 2004. For a 'Piece of Bread'? Interpreting sustainable development through agritourism in southern Tuscany [J]. Sociologia Ruralis, 44 (3): 285-300.

WEAVER D B, FENNELL D A, 1997. Vacation farms and ecotourism in Saskatchewan, Canada [J]. Journal of Rural Studies, 1997, 13 (4): 467-475.

WILSON G A, 2009. The spatiality of multifunctional agriculture: A human geography perspective [J]. Geoforum, 40 (2): 269-280.

WITTMAN H, DESMARAIS A A, WIEBE N, 2010. The origins and potential of food sovereignty [M] //Food sovereignty: Reconnecting Food, nature and community. Oakland, CA: Food First Books.

后记

2020年，是不平凡的一年。

这一年，我们遭遇了突如其来的新冠肺炎疫情，面对变幻莫测的国际形势，全国各族人民万众一心，砥砺前行，于全球经济整体下滑的艰难时期，实现了国民经济的逆势增长。

这一年，脱贫攻坚战取得全面胜利，我国全面进入小康社会发展新阶段。

这一年，是我国由脱贫攻坚全面转向乡村振兴的关键期，巩固脱贫攻坚成果，实现脱贫攻坚与乡村振兴的有机衔接，探索乡村振兴背景下农业农村发展的新路径与新模式，为我国全面进入乡村振兴新阶段提供理论与经验借鉴，是当前的一个重要工作。

《乡村振兴战略背景下农旅融合模式的理论与实践》一书的撰写，就是在这个特殊的时期进行的。本书的撰写，穿插在各项科研与事务性工作中，断断续续花了近一年时间，但本书的理念与素材，却是笔者多年工作的积累。笔者前期主持和参与的大量项目，如重庆市社会科学规划项目“村庄衰落诱发的多重问题及社区治理研究”，重庆市科技局科研绩效激励引导专项“乡村振兴战略背景下新型职业农民农业科技需求与供给机制优化研究”，重庆市农业科学院农发资金良种创新项目“农旅产业融合模式实践与扶贫综合效益评价研究”“重庆农村一二三产融合发展模式及其关键技术集成与示范”等项目的研究工作，为本书的撰写积累了丰富的素材，特别感谢“农旅产业融合模式实践与扶贫综合效益评价研究”项目给予本书出版经费的支持。在此，向所有这些项目支持的单位致以衷心感谢。

在本书的撰写过程中，笔者阅读了大量的文献，前辈同行们先进的理论与思想，为本书提供了理论与经验借鉴，给予了思想启迪。在此，对撰写这些优秀文献的前辈同行，以致敬和致谢，对可能出现遗漏的参考文献作者，以致歉与致谢。

本书的顺利完成，离不开重庆市农业科学院农业经济与乡村发展研究所的胡晓群所长、沈琦副所长的支持，他们非常贴心地减少了笔者的其他工作量，为笔者预留了宽松的写作时间，及时完成本书的撰写工作；同时，也感谢所里其他同事的关爱与帮助，感谢他们在项目调研、数据采集，以及日常工作中给予的诸多协助。

在本书的撰写过程中，笔者还得到了不少前辈的支持与帮助。特别感谢中国农业科学院农经所二级教授、博士生导师蒋和平教授，他是我国知名的农业经济专家，是我国现代农业学科首席专家。笔者与他因项目结缘，他一直是笔者学习的榜样，这次有幸请到他为本书作序，倍感荣幸。本书还要感谢西南大学中国乡村建设学院温铁军教授的研究团队，笔者在与他们的项目合作与调研中，学会了从不同学科视角研究与思考社会现象与经济问题，使笔者的研究视野得到进一步拓展，对本书的撰写也有不少启发。

本书的大量数据与案例，来自基层调研，在此，一并感谢在调研中给予支持与协助的基层地方政府、村民委员会、集体经济组织和受访村民，农业企业的投资者与部分职业经理人，农民合作社的理事长与社员，以及部分乡村民宿经营者。

终于，在2021年开年之际，本书顺利完稿。笔者如释重负，又忐忑不安，既为完成了本书的撰写工作而高兴，又为本书可能存在的瑕疵而忐忑。但世界上没有什么事物是绝对完美的，这本书，只是笔者在推进乡村振兴战略背景下农旅融合模式发展方面进行的理论与实践探索，它可能不完善、不完美，但反映了一些真实的现状与问题，希望它能抛砖引玉，给予阅读者一些启迪。

书中疏漏错误之处在所难免，敬请广大读者批评、指正与谅解。

唐丽桂

2021年1月于重庆